Eine kulinarische
Entdeckungsreise

Silke Martin · Björn Kray Iversen

Eine kulinarische Entdeckungsreise

durch Kurpfalz, Kraichgau und Odenwald

UMSCHAU:

Hotel Adler Post 28
Sommerragout von Flusskrebsen
mit Zandermousse

Restaurant Hirsch 30
Rehbockmedaillons mit
Cognac-Preiselbeersauce

DIE BERGSTRASSE –
WO DER FRÜHLING ZU HAUSE IST 32

Weinhaus & Weingut Bartsch 34

Restaurant Drei Birken 36

VON WINZERN, WEIN
UND BESENWIRTSCHAFTEN 37

Landmetzgerei Hornung 38

DER ODENWALD –
LEBENDIGE GESCHICHTE
IM DREILÄNDERWALD 40

Hotel-Restaurant Zur Krone 44
Croustillant vom Lammbries
auf Champignonsalat
mit marinierter Lammhaxe
und Bärlauch

ÜBERSICHTSKARTE 9

VORWORT 11

HEIDELBERG – KURPFÄLZISCHE
SCHÖNHEIT AM NECKAR 14

Schönmehl Schlossgastronomie 16
Zweierlei der Ente von Heidelberg

DAS HEIDELBERGER SCHLOSS 19

Der Europäische Hof
Hotel Europa Heidelberg 20
Badisches Zanderfilet mit
Jakobsmuscheln und
schwarzem Trüffel auf
Linsenspätzle an Rieslingschaum

Füllhorn Naturmarkt 22

Restaurant Königstuhl 24
Rheinischer Sauerbraten mit
Apfelrotkohl und Kartoffelklößen

DIE KURPFALZ –
KRIEG UND FRIEDEN AM NECKAR 26

Gasthaus Zur Freiheit 46
Odenwälder Lammschulter
mit Kräuterfüllung

Café Schlossmühle 48

Hotel-Restaurant Zentlinde 50
Odenwälder Rehrücken mit
Pfifferlingen und Brotspatzen

Molkerei Hüttenthal 52

Landhotel Kühler Grund 54
Barbarie-Entenbrust in Cassissauce
mit Pommes Williams und
Zucchini-Möhrengemüse

Hotel, Restaurant & Café Kreidacher Höhe 56
Odenwälder Fleckviehlende im
Rauchfleischmantel mit Karottenschaum
und Blattspinat im Kohlrabikörbchen

Restaurant Goldener Pflug 58
Salat von getrockneten Tomaten,
gelben Paprika und süß-saurem Radicchio
mit gebratenen Gambas und Bouchot-
Muscheln in Safranmarinade

Hotel Gasthof Hirsch 60
Der fidele Gockel

KULINARISCHES VERGNÜGEN
IN KURPFALZ, KRAICHGAU
UND ODENWALD 62

INHALT

Landgasthof Hirsch & Frank's Vollwert Party-Service	74

„Wraps" mit Forellenmousse und Gemüsefüllung

Gasthaus Rose   76
Ochsenfetze in Rotweinsauce

Panoramahotel, Restaurant & Café
Turmschenke   78
*Saiblingsfilet auf Gemüsenudeln
mit Zitronenmelissenbutter*

Metzgerei Saueressig   80

Martin Müller GmbH & Co. KG   82

DER KRAICHGAU   84

Spargelgut Wasserschloss   87

Bauernhofladen Müller   88

Der Mühlenbäcker   90

EXCELLENT
Confiserie Spezialitäten GmbH   92

Der Schafhof Amorbach   66
*Gefülltes Lammkarree mit
gefüllter Zucchiniblüte*

Hofgarten-Markt   68

Gasthaus Zum Engel   70
*Rehrücken im Serranoschinkenmantel
in Grüner Pfeffersauce
mit Pfifferlingen*

Heidersbacher Mühle   72
*Gebratenes Lachsforellenfilet
mit Grünkernröllchen und
sautierten Pfifferlingen*

Hotel-Restaurant Zehntscheune   94
*Lammrücken im Kartoffelmantel
mit Zitronen-Knoblauchöl*

Hotel Restaurant Ratsstube   96
Rindercarpaccio

Restaurant Goldener Käfer   98
*Marinierte Entenbrust süß-sauer
an Glasnudelsalat und Mangorelish*

Weingut Reichsgraf und Marquis
zu Hoensbroech   100

Hotel Restaurant Schloss Michelfeld   102
Lasagne von Steinbutt und Lachsforelle

Restaurant Blaue Ente   104
Entenbrust in Orangensauce

Clubrestaurant des
Baden Golf- und Country-Club   106
*Zanderfilet im Kartoffelmantel
auf Paprikasauce*

Hotel-Restaurant Zur Stadtschänke   108
Geschmorte Lammkeule

KLOSTER MAULBRONN
UND DER NATURPARK
STROMBERG-HEUCHELBERG 110

Restaurant Guy Graessel 112
Kaninchenkeule auf Rotkrautsalat
mit glaciertem Gemüse

Restaurant Alte Weinstube
im Hotel Lindner 114
Rotbarbenfilets auf
italienischem Kartoffelsalat

Hotel Restaurant Klosterpost 116
Forelle nach Art der Zisterzienser-Mönche

DAS NECKARTAL – MALERISCHE
LANDSCHAFT MIT VIEL KULTUR 118

Historische Griechische Weinstube
zur Stadt Athen 120
Badische Kalbsröllchen
mit Grünkernküchle

Restaurant Zum Schiff 122
Schweinemedaillons unter der
Bärlauchkruste auf buntem Paprikagemüse

Café Konditorei Bäckerei Viktoria 124

BURGENROMANTIK
AM IDYLLISCHEN NECKAR 126

Ralf's Backstube 128

Neckargeracher Truthahnspezialitäten 130
Putenröllchen „Thessaloniki"

MOSBACH – FACHWERKKUNST
RUND UMS LUMPENGLÖCKLE 132

Hotel Restaurant Zum Lamm 133

Landgasthof Zum Ochsen 134
Hirschrücken im Pistazienmantel

Kubach's Vital 136

Gasthof-Destille Eisenbahn 138
Entenbrust in Orangen-
Kirschwasser-Sauce
mit Erbspüree und
karamellisierten Karotten

Metzgerei Mehl 140

Weingut und Schlosskellerei
Burg Hornberg 144

Bio Feinbäckerei Gugelhupf 146
Bio Linzertörtle

Gasthof Assulzerhof 148

Landgasthof Krone 150
Maultaschen mit Pfifferlingen

KULINARISCHE EMPFEHLUNGEN 152

VERZEICHNIS DER REZEPTE 156

Die Zahlen in der Karte sind identisch mit den Seitenzahlen der einzelnen Betriebe in diesem Buch und bezeichnen ihre Lage.

Diese kulinarische Entdeckungsreise durch Kurpfalz, Kraichgau und Odenwald bietet die lukullische Symbiose aus den traditionellen Küchen dieser Landstriche, den hochwertigen Produkten, die hier in reicher Fülle wachsen und gedeihen, sowie der leichten, kreativen und auch mal multikulturellen Variation allbewährter Rezepte, die den Blick über den heimischen Tellerrand genussvoll in die Welt lenken.

Altstädte mit viel Fachwerkflair, prächtige Barock-Schlösser und trutzige mittelalterliche Burgen, verträumte Winzergemeinden und lebendige Städte prägen das Bild. Obwohl es die Kurpfalz faktisch gar nicht mehr gibt, ist sie in den Herzen der Menschen noch lebendig, und ihre noch immer große Bedeutung für die Gegenwart zeigt sich in wertvollen Baudenkmälern wie dem prächtigen Heidelberger Schloss oder der wunderschönen kurfürstlichen Sommerresidenz in Schwetzingen.

Zwar teilen gleich drei Bundesländer den Odenwald unter sich auf, doch die Menschen hier fühlen sich nicht als Hessen, Baden-Württemberger oder Bayern, sondern zuallererst als Odenwälder und schließen sich daher zu grenzüberschreitenden kulinarischen Gemeinschaften zusammen.

Der liebliche Kraichgau, der seinen geradezu mediterranen Charme in sanften Hügeln und weinreichen Landschaften verströmt, begeistert mit einer mal badischen, mal schwäbischen Küche und viel Sonne, die man auch im Kraichgauer Wein wiederfindet.

Die Siegfried- und die Nibelungenstraße durchqueren auf ihrem Weg von Worms in Richtung Osten den legendenreichen Odenwald. Hier gibt es gleich mehrere Siegfriedbrunnen, welcher jedoch der echte ist, bleibt ungewiss.

Die Badische Spargelstraße beginnt in der Residenzstadt Schwetzingen und führt zu vielen interessanten Sehenswürdigkeiten, aber auch zu zahlreichen anspruchsvollen Restaurants, in denen der Spargel die Hauptrolle spielt.

Die Burgenstraße verbindet bedeutende Baudenkmäler des Mittelalters. Wo einst Burgherren über ihre Lehen wachten, mancher Raubritter hauste und Minnesänger durchs Land zogen, wird die Vergangenheit auch heute noch eindrucksvoll lebendig.

Eine zeitgemäße kreative Küchenkunst macht das Reisen zum echten Vergnügen. Viele Odenwälder, Kurpfälzer und Kraichgauer zogen in die Welt hinaus, kehrten nach ihren Lehr- und Wanderjahren zurück und

bieten heute in ihrer Heimat eine anspruchsvolle und akzentreiche Küche. Die Palette reicht von der zünftigen Vesper mit Hausmacher Wurst, rohem Schinken und Holzofenbrot in der urigen Besenwirtschaft über den familiären Landgasthof, der traditionelle Gerichte, die seit Generationen weitergegeben werden, im alten und neuen Gewand serviert, bis zum Gourmet-Menü im Sterne-Restaurant, das Gang für Gang die Spezialitäten dieser Region genussvoll näher bringt. Die multikulturellen Einflüsse und Aromen haben natürlich auch vor dieser Region nicht Halt gemacht. Und so erschließen neue Geschmackswelten die heimische Küche immer wieder neu – und wir dürfen Gerichte genießen, die sicher auch den Kurfürsten bei Hofe vorzüglich gemundet hätten.

Silke Martin

Der Katzenbuckel

HEIDELBERG – KURPFÄLZISCHE SCHÖNHEIT AM NECKAR

Von hoch droben blickt die stolze Schlossruine auf die Stadt zu ihren Füßen, darüber erhebt sich der 568 Meter hohe Königstuhl, der den schönsten Blick auf die Neckarmetropole bietet – Heidelberg fügt sich wahrlich idyllisch in die Landschaft ein.

Die Keimzelle der Stadt liegt auf der anderen Neckarseite. Im 9. Jahrhundert wurde auf dem Heiligenberg das Michaelskloster erbaut, im 11. Jahrhundert folgte Kloster St. Stephan (Ruinen zu besichtigen), und im Neckartal siedelten sich allmählich Menschen an. In den folgenden Jahrhunderten erlebte die Stadt viele Kriege und Zerstörungen, oft mussten die Heidelberger ihre Häuser aus Schutt

und Asche wieder neu errichten. So verweist lediglich das berühmte „Haus Ritter" mit seiner Ritterfigur und prächtiger Renaissancefassade auf die Blütezeit des 16. und 17. Jahrhunderts. Es überstand als einziges Haus den Feuersturm des Pfälzisch-Orléanschen Erbfolgekrieges.

Unverdrossen baute Kurfürst Jan Willem die Stadt wieder auf und heute wird das Bild von engen Gassen, Patrizierhäusern und barocken Bauten geprägt. Das Gebäude der Alten Universität, das Alte Rathaus und viele Adelspalais entstanden in dieser Zeit. Die Ruperto-Carola-Universität wurde 1386 von Kurfürst Rupert I. gegründet und ist damit Deutschlands älteste Universität. Sie brachte in all den Jahrhunderten eine Vielzahl renommierter Wissenschaftler und Nobelpreisträger hervor. Studentenkarzer und Hexenturm, der zur mittelalterlichen

Stadtbefestigung gehörte und heute ein Ehrenmal für im Krieg gefallene Studenten ist, erinnern an die lange Geschichte der altehrwürdigen Lehranstalt.

Die 1411 geweihte Heiliggeistkirche, die den Kurfürsten als Grablege diente, bewahrte auf ihren Emporen die „Bibliotheca Palatina", eine der größten Büchersammlungen der Welt. Im Dreißigjährigen Krieg wurde sie von Tilly geraubt und später in 50 Eselskarren über die Alpen nach Rom gebracht. Kurios: Zwischen den Strebepfeilern der Kirche bieten seit Jahrhunderten Händler ihre Waren feil.

Die Peterskirche wartet mit schönen alten Grabsteinen und Altarbildern auf. Barock und üppig zeigt sich die Jesuitenkirche. Die Alte Brücke mit ihren neun Bögen und dem markanten Brückentor mit seinen beiden Türmen markiert den Eingang zur Alt-

Heidelberg

Am Neckar

stadt. Am Marktplatz ist das Alte Rathaus mit dem Herkulesbrunnen zu finden. Wo einst Handwerker und Ackerbürger dicht gedrängt lebten, treffen heute Heidelberger, Touristen und Studenten in einer gastfreundlichen, weltoffenen Atmosphäre aufeinander.

In den Altstadtgassen lassen sich noch weitere Sehenswürdigkeiten entdecken: das ehemalige großherzogliche Palais am Karlsplatz, das imposante Karlstor, das Haus „Zum Riesen" mit seiner Barockfassade und der Marstall, und das kurfürstliche Zeughaus. In der Pfaffengasse steht das Geburtshaus des ersten Reichspräsidenten Friedrich Ebert. Wer einen ausgiebigen Spaziergang nicht scheut, der sollte den Burgweg hinauf zum Schloss erklimmen, bequemer geht es mit der kleinen Bergbahn.

Vielseitige Kunst- und Kulturangebote laden zur Entdeckungstour durch die Stadt der deutschen Romantiker wie Friedrich Hölder-

lin, Ludwig Tieck, Achim von Arnim, Josef von Eichendorff und Clemens von Brentano, die Heidelberg zu ihrem geistigen Mekka erkoren hatten.

Die Universitätsbibliothek birgt kostbare Handschriften, so die besonders wertvolle Manessische Liederhandschrift aus dem 14. Jahrhundert.

Das Kurpfälzische Museum mit dem Zwölfboten-Altar von Tilman Riemenschneider hat im 1712 erbauten Palais Moraß mit reizendem Barockgarten und historischer Trinkstube eine würdige Heimat gefunden. Hier werden Frankenthaler Porzellan sowie Exponate der kurfürstlichen Epoche, barocke und romantische Malerei sowie vorgeschichtliche Funde gezeigt.

Und nicht zuletzt überzeugen die Schlossfestspiele sowie die Schlossbeleuchtung mit Brillantfeuerwerk in jedem Jahr die zahlreichen Besucher von dem besonderen Zauber Heidelbergs.

SCHÖNMEHL SCHLOSSGASTRONOMIE

Es gehört zu den malerischsten Schauplätzen der Stadt, ist es mit seinen eleganten Gasträumen schließlich selbst Teil des historischen Heidelberger Schlosses: Das Restaurant Schlossweinstube mit beeindruckendem Blick auf die prächtige Renaissancefassade.

Seit 1993 residiert Gastgeber Wolf Schönmehl nun schon an diesem exponierten Ort. Der ebenso bodenständige wie sympathische Patron, der bereits bei Alfons Schubeck in Waging am See als Küchenchef tätig war, hat sich hier ein Gourmet-Refugium erster Güte erschaffen.

Tagsüber bietet das urige Backhaus mit rustikal-gemütlichem Bistro-Ambiente und dem 15 Meter hohen Backkamin sowie der idyllischen Terrasse mit Blick in den Innenhof den Schlossbesuchern Gelegenheit für einen kulinarischen Zwischenstopp.

Am Abend, wenn die Besucherströme versiegt sind und eine idyllische Ruhe einkehrt, steht inmitten der romantischen Kulisse die hohe Kochkunst des Gastgebers im Mittelpunkt.

Die sehr gelungen restaurierte Schlossweinstube besticht durch Eleganz, einen Hauch Geschichte und moderne Akzente. Graimbergzimmer, Liselotten- und Carl-Theodor-Stube beeindrucken durch helle Farben, Stuck und Parkett, der Hortus Palatinus begeistert mit farbenfroher Wandmalerei, und die mittelalterliche Brunnenstube wartet mit einer prachtvollen Kassettendecke und bleiverglasten Fenstern auf.

Kurpfälzer Gerichte, lukullisch international beeinflusst, bestimmen die saisonal ausgerichtete Speisenauswahl und das täglich wechselnde Menü. Man startet z. B. mit einem Salat von marinierten Ofentomaten auf weißem Tomatenschaum mit Scampi oder der Kartoffelsuppe „Liselotte von der Pfalz" mit Ricotta-Bärlauch-Säckchen. Die Kurpfalz vertritt ein Kräuterrostbraten mit Spätburgundersauce, Sommergemüse und Spätzle, mediterran zeigt sich der geräucherte Lammrücken mit Auberginenmousse und glasierten Kartoffelschnitz. Zum Dessert locken ein Erdbeer-Topfengratin mit Honig-Crème-fraîche-Eis oder Tarte vom Rieslingsekt mit Rohrzuckerkruste und marinierten Kirschen. Dazu wird eine anspruchsvolle Wein-Auswahl kredenzt.

Schönmehl
Schlossgastronomie
S & S Schlossrestaurations GmbH

Schlosshof
69117 Heidelberg

Telefon 0 62 21/9 79 70
Telefax 0 62 21/16 79 69

Zweierlei der Ente von Heidelberg

Zutaten

2 Barbarie-Entenbrüste,
2 Entenbrüste von der
gebratenen Ente,
4 Scheiben Gänsestopfleber,
4 blanchierte Spinatblätter,
2 Kartoffeln,
Salz, Pfeffer
Für die Geflügelfarce:
80 g Hähnchenfleisch (ohne Haut),
80 g Sahne,
2 cl Portwein
Für die Sauce:
1/4 l Entenfond,
2 Pimentkörner,
2 cl Madeira,
8 cl Rotwein,
40 g Butter

Zubereitung

Mit allen Sinnen erlebbar ist das Schloss während der Schlossfestspiele, die man mit einem die Vorstellung umrahmenden Menü verbinden kann, und bei der dreimal im Jahr stattfindenden Schlossbeleuchtung, bei der Wolf Schönmehl begleitende kulinarische Events anbietet. Für festliche Bankette und rustikale Feiern im großen Kreis stehen Königssaal und Fasskeller als einzigartiger und sicher unvergesslicher Rahmen zur Verfügung.

Entenbrüste häuten, halbieren, leicht plattieren, salzen und pfeffern.
Für die Farce Fleisch fein schneiden, salzen, pfeffern. Separat mit der Sahne im Kühlfach anfrieren lassen. Dann mit der Sahne zu einer glatten, glänzenden Farce mixen, durchpassieren. Mit Portwein und Salz abschmecken, dünn auf das Fleisch streichen. Mit Spinat und je 1 Scheibe Gänsestopfleber belegen. Zu Rouladen aufrollen, salzen, pfeffern.
Kartoffeln zu Kartoffelspaghetti drehen. Rouladen damit umwickeln. In Butterschmalz ca. 10 Min. goldbraun braten.
Gegarte Entenbrüste in 4 Stücke teilen, mit Butter bestreichen, unter dem Grill knusprig gratinieren. Madeira, Rotwein und Entenfond mit Pimentkörnern auf 50 % reduzieren, abschmecken, evtl. abbinden.
Dazu werden Apfeltörtchen sowie junges Gemüse gereicht.

Seit dem Jahr 1997 wird die berühmte „Ente von Heidelberg" in der Schlossweinstube serviert. Seither bekommt jeder Gast, der die „Ente von Heidelberg" bestellt, eine Karte mit seiner individuellen Enten-Nummer und ist fortan in der kulinarischen Geschichte des Hauses fest verankert. Die Idee dazu geht auf Honorargeneralkonsul Prof. Dr. h.c. Viktor Dulger zurück, der seinem Lieblingsgericht – der nach alter Tradition im Schlossbackofen knusprig gebratenen Bauernente – ein Denkmal setzen wollte. Die köstlich nach Äpfeln und Kräutern duftende Spezialität wird zum Beispiel im Sommer mit einem Ragout von jungen Schoten, Karotten und geschmolzenem Briocheknödel oder im Herbst mit Rotkohl und Kräuter-Kartoffel-Roulade serviert – lassen Sie sich einfach überraschen! Der Heidelberger Künstler Dieter Portugall malte zu Ehren der Ente im Rahmen der Aktion „Essen wie gemalt" ein wunderschönes Aquarell, in dessen Mittelpunkt die Ente zu sehen ist, umrahmt von all jenen Leckereien, die gemeinsam mit der „Ente von Heidelberg" auf den Tisch kommen können.

Blick zum Heidelberger Schloss

Wo einst eine Stauferburg über Heidelberg wachte, entstand ab dem 16. Jahrhundert ein Meisterwerk deutscher Renaissance, das sich nach außen trutzig und wehrhaft und zum idyllischen Innenhof als architektonische Meisterleistung präsentiert.

Das Residenzschloss der Pfalzgrafen und Kurfürsten wuchs vom 13. bis zum 17. Jahrhundert beständig an Größe und Pracht. Viele Regenten fügten dem in seiner Größe und Formvollendung einzigartigen Ensemble weitere Paläste hinzu. So auch den Ottheinrichsbau, dessen sehenswerte Fassade mit einem Portal nach dem Vorbild eines römischen Triumphbogens aufwartet. Besonders die Nordfront mit Glockenturm, Gläsernem Saalbau, dem noch immer vollständig erhaltenen Friedrichsbau mit seiner weithin sichtbaren Prunkfassade, Altan – von hier aus hat man einen atemberaubenden Blick auf die Stadt, die sich ihrem Schloss scheinbar zu Füßen legt –, Fassbau, Englischem Bau und Dickem Turm zeigt einen faszinierenden Ausschnitt des einstigen Gesamtkunstwerks.

Im Fasskeller beeindruckt das von Kurfürst Karl Theodor 1751 in Auftrag gegebene Riesenfass mit seiner imposanten Größe und einem Fassungsvermögen von über 220 000 Litern! Und der herrliche Schlossgarten mit Elisabethenpforte, der Hortus Palatinus und die Goethe-Erinnerungsstätte laden zum fürstlichen Flanieren ein.

1693 wurde die Residenz das Opfer des Pfälzisch-Orléanschen Erbfolgekriegs und verfiel durch einen Blitzschlag 1764 endgültig.

Doch auch als Ruine ist das Heidelberger Schloss ein einmaliges Beispiel großer deutscher Renaissance-Baukunst und übt eine ungebrochene Faszination auf Menschen aus aller Welt aus.

DER EUROPÄISCHE HOF HOTEL EUROPA HEIDELBERG

**Der Europäische Hof
Hotel Europa Heidelberg**

Friedrich-Ebert-Anlage 1
69117 Heidelberg

Telefon 0 62 21/515 - 0
Telefax 0 62 21/515 - 506

Wer in Heidelberg in einem von der Geschichte geprägten Ambiente stilvoll wohnen und anspruchsvoll speisen möchte, für den gibt es nur eine Adresse: Der Europäische Hof Hotel Europa Heidelberg. Unaufdringliche Eleganz und dezenter Luxus bestimmen das privat geführte Grand Hotel, das seit 138 Jahren eine feste Institution für Gäste aus dem In- und Ausland ist, darunter viele gekrönte Häupter, Künstler und Politiker, die den einzigartigen Charme dieses 5-Sterne-Domizils im Herzen der Neckarstadt zu schätzen wissen.

Seit 1965 steht das 1865 als Gasthaus Europäischer Hof erbaute und 1906 von Fritz Gabler erworbene Hotel unter der Ägide seines Enkels Ernst-Friedrich und dessen Ehefrau Sylvia von Kretschmann. Gemeinsam mit ihrem engagierten Team, das alle Wünsche der Gäste aufs Beste zu erfüllen weiß, haben sie die geschichtsträchtige familiäre Atmosphäre auch als „The Leading Small Hotel of the World" bewahrt und es geschafft, trotz allem Luxus dem Gast ein

Zuhause in der Fremde zu bieten. Das Verwöhnprogramm für Körper und Seele beginnt in den individuellen und elegant gestalteten Zimmern und setzt sich im Panorama-Club mit Schwimmbad, Fitness-Raum, Solarium, Sauna und Sanarium sowie der Dachterrasse mit fantastischem Blick auf das Schloss und die Dächer von Heidelberg fort.

Die kulinarische Seite des Hauses repräsentiert vor allem das renommierte Gourmet-Restaurant Kurfürstenstube mit einem außergewöhnlichen und von viel warmem Holz geprägten Ambiente. Die anspruchsvolle Kochkunst des Küchenchefs Jörn Weischede begeistert mit kreativen badischen Gourmandisen, die auf mediterran-leichte, klassisch-französische oder asiatisch-aromenreiche Weise interpretiert werden. Da vereint sich das gepökelte Kalbsbäckchen mit getrüffelter Linsenterrine und Olivenvinaigrette, das Saté von Kaninchen lugt unter der Erdnusskruste hervor und zeigt sich mit Roten Rüben, der St. Petersfisch, gegart im Hoshi-

Badisches Zanderfilet mit Jakobsmuscheln und schwarzem Trüffel auf Linsenspätzle an Rieslingschaum

Zutaten

4 Zanderfilets à 140 g,
Olivenöl,
8 gesäuberte Jakobsmuscheln
ohne Rogen,
1 eingekochter Wintertrüffel,
100 g Linsen (rot, gelb),
1 Schalotte,
1 Rosmarinzweig,
200 ml Brühe,
je 50 ml Portwein und Noilly Prat,
250 ml Sahne,
je 150 ml Fischfond und Riesling,
1 EL Crème fraîche,
$^1/_2$ Limone,
Salz,
Kerbel

Nori-Blatt, wird mit Eierfruchtpüree und Safransauce serviert. Zum Finale locken Roulade von Mascarpone und Limonen mit Rhabarbergrütze oder Mousse von roten Johannisbeeren mit Pfirsichkrapfen und Tonkabohneneis.

Im Juli und August wird die Gourmet-Küche kurzerhand in das lichtdurchflutete Sommerrestaurant und den mediterranen Innengarten verlegt, wo man der Jahreszeit entsprechend leichte, sommerliche Grill-Gerichte genießen kann. Und Spezialitätenwochen, die zum Beispiel das Elsass oder Japan, Jazz und New Orleans Blues oder Wild und Trüffel in den kulinarischen Fokus rücken, ergänzen das herausragende Angebot des Hauses auf genussvoll-ideenreiche Weise.

Zubereitung

Fischfilets mit Salz, Zitrone würzen, in Olivenöl anbraten (sollte innen noch roh sein). In eine feuerfeste Form geben, mit dünnen Trüffel- und Jakobsmuschelscheiben in Form eines Mosaiks belegen. Salzen, mit Butterflocken belegen. Im auf 180 °C vorgeheizten Ofen ca. 7 Min. garen. Fischfond mit Crème fraîche, Sahne, Limonensaft und Wein auf ca. 50 % einkochen, salzen, gut aufmixen. Die zuvor in Wasser eingelegten Linsen mit Schalottenwürfeln in Olivenöl anschwitzen, mit Portwein und Noilly Prat ablöschen, mit Brühe auffüllen. Salz, Rosmarin zufügen, ca. 8 Min. köcheln lassen. Rosmarin entfernen, Linsen abkühlen lassen. Dann gemeinsam mit hausgemachten Spätzle in einer Pfanne mit Butter erhitzen, mit Salz abschmecken. Gemeinsam mit dem Fisch anrichten, mit Kerbel ausgarnieren.

FÜLLHORN NATURMARKT

Füllhorn Naturmarkt

Bahnhofstraße 33
69115 Heidelberg

Telefon 0 62 21/5 85 06 00
Telefax 0 62 21/5 85 06 56

Der Füllhorn Naturmarkt im Herzen Heidelbergs ist eine empfehlenswerte Adresse
für bewusst lebende Verbraucher, die ihren
Alltag genussvoll gestalten und sich zugleich
gesund ernähren möchten.

Im Oktober 1999 öffnete der Bio-Supermarkt
unter der Leitung der Reformhaus-Kauffrau
Elke Rieckh seine Pforten. Sie ist mit dem
engagierten Ziel angetreten, ihren Kunden
ein alle Bereiche des täglichen Einkaufs
umfassendes Sortiment zu bieten, das biologischen bzw. kontrolliert ökologischen
Richtlinien unterliegt. „Eine bewusste und
giftfreie Ernährung kann den Menschen bis

schmacksverstärkern oder sonstigen, für eine wachsende Anzahl von Verbrauchern unverträglichen, Zusatzstoffen.

Frische Kräuter, edle Essige und Öle, Honig, Marmelade, Soja- und Milchprodukte sowie fair gehandelter Kaffee und eine asiatische Lebensmittelauswahl – hier gibt es alles zu kaufen, was gut schmeckt und zugleich gesund ist.

Ein Konzept, das sich in der Neckarstadt gut durchgesetzt und viele begeisterte Kunden gefunden hat. Im Dezember 2001 sind ein Bistro, eine Textilien- und eine Kosmetikabteilung hinzugekommen. Hier findet sich moderne, zeitgemäße Kleidung, aus naturreinen Stoffen hergestellt, sowie Verwöhnprogramme und Geschenkideen für Körper, Geist und Seele.

Das kleine Bistro hat Elke Rieckh für ihre Stammkunden eingerichtet. Es dient als gemütliches Kommunikationszentrum, bietet nach dem Einkauf die Möglichkeit zum Entspannen und ist ein kulinarischer Treffpunkt für die Kunden. Die Auswahl reicht von Kaffeespezialitäten und frisch gepressten Säften über süße und pikante Crêpes bis hin zu leichten Suppen, Salaten, Quiches und Ähnlichem für die Mittags- oder Kaffeepause. Alle Leckereien werden natürlich unter biologischen Aspekten zubereitet. Der Füllhorn Naturmarkt zeigt auf eindrucksvolle Weise, dass es heute hervorragend möglich ist, sich gesund und bewusst mit biologisch hergestellten Produkten zu ernähren und den Genuss dabei nicht zu kurz kommen zu lassen. Ein Beispiel, das Schule machen sollte.

ins hohe Alter hinein gesund und vital erhalten", meint Elke Rieckh und erklärt damit gleich den Kernpunkt ihres Konzeptes. Die meisten ihrer Kunden decken darum auch ihren gesamten Einkauf in dem übersichtlich gestalteten Supermarkt. Auch viele Schwangere und junge Mütter sowie Allergiker, z. B. Menschen mit Nahrungsmittel-Unverträglichkeiten, finden regelmäßig den Weg in die Heidelberger Bahnhofstraße. Besonders beliebt ist die Auswahl an frischem Obst und knackigem Gemüse, das von Bauern aus der Umgebung angeliefert wird, die Bioland-Fleisch- und Wursttheke und die große Käseauswahl. Die Backwaren mit vielen Vollkorn-, aber auch Weißmehlprodukten sowie süßen Leckereien liefern hiesige Bio-Bäckereien.

Elke Rieckh achtet bei der Auswahl ihrer Produkte besonders auf den regionalen Aspekt, schließlich garantieren kurze Wege die Frische der Produkte am besten. Doch auch im Winter müssen die Füllhorn-Naturmarkt-Kunden nicht auf Bananen, Ananas, Artischocken & Co. verzichten, dann kauft Elke Rieckh bei Bio-Großhändlern ein, um ihr umfassendes Sortiment stets aufrechtzuerhalten.

Ob Getränke, unter anderem ein sehr umfangreiches Sortiment an deutschen Bio-Weinen, Babynahrung, Waschmittel oder Hundefutter, das Angebot des Füllhorn Naturmarktes ist das gleiche wie in jedem herkömmlichen Supermarkt. Sogar Fertiggerichte und Konserven gibt es zu kaufen, auch sie von Bio-Qualität, ohne Zusatz von Ge-

RESTAURANT KÖNIGSTUHL

Restaurant Königstuhl

Königstuhl 2
69117 Heidelberg

Telefon 0 62 21/97 52 - 0
Telefax 0 62 21/97 52 - 30

Sie können auf vielfältige Weise den Heidelberger Hausberg, den stattlichen 568 Meter hohen und waldreichen Königstuhl, erreichen: mit der beliebten Bergbahn, zu Fuß oder bequem mit dem Auto. Die Aussicht von hier oben ist grandios: Von keinem anderen Ort kann man Heidelberg und das Neckartal so eindrucksvoll überblicken. Kulinarisches Ziel vieler Heidelberger und Touristen ist das traditionsreiche Restaurant Königstuhl, das vor 150 Jahren als Unterstand für Köhler erbaut wurde, sich dann zur Gaststube und schließlich zu einem beliebten Restaurant entwickelte. Seit 2002 steht das umfassend renovierte und in neuem Glanz erblühte Haus unter der professio-nellen Ägide von Lutz Tauchert, der für die frische, regionale Küche verantwortlich zeichnet, und Frank Raasch, der sich mit viel Erfahrung souverän und liebenswürdig um die Bedürfnisse seiner Gäste kümmert. Die beiden Vollblutgastronomen etablierten ein adäquates Konzept für die exponierte Lage des Traditionshauses. Am Mittag bieten sie im Restaurant oder im schönen Wintergarten mit beeindruckender Panoramasicht eine gutbürgerliche Küche für die Ausflügler, die, wie sie sagen, „ohne viel Schnickschnack" daherkommt. Am Abend kann Lutz Tauchert seine Kochkünste dann in eine gehobene Küche umsetzen, die sich der Kurpfalz und angrenzenden Regionen widmet und die hei-

mischen Produkte variantenreich darbietet. Die Auswahl reicht von Kraichgauer Rinderroulade und Rheinischem Sauerbraten bis zum gebratenen Zanderfilet auf Blattspinat und Sauce Hollandaise und von der rösch gebratenen Entenbrust auf Orangen-Pfeffer-Sauce bis zum mediterran zubereiteten Lammrücken auf Ratatouille mit Rosmarinkartoffeln. Bei gutem Wetter zieht es die Gäste hinaus in „Heidelbergs höchsten Biergarten" oder auf die große Sonnenterrasse. Von hier aus reicht der atemberaubende Blick an manchen Tagen sogar bis nach Speyer und Worms. Ob als „Caterer vom Königstuhl" mit einer an-

spruchsvollen Auswahl an mediterran konzipierten Menüs und Büfetts oder als Veranstalter von Live-Konzerten am Freitagabend, Lutz Tauchert und Frank Raasch sind stets auf der Suche nach neuen Attraktionen für ihre Gäste. So soll nun auch eine Falknerei mit Greifvogelschau das kulinarische Angebot ergänzen. Adler, Falken und Uhus werden von der Terrasse des Restaurants aus majestätisch in die Lüfte steigen und die Gäste mit ihren Flugkünsten erfreuen – begleitet von einem Brunch oder abendlichen Menü. Ein wahrhaft königlicher optischer wie kulinarischer Genuss auf dem Königstuhl!

Rheinischer Sauerbraten mit Apfelrotkohl und Kartoffelklößen

Zutaten

1 kg Rinderbraten (Oberschale),
Öl, Rosinen
Für die Marinade:
2 Zwiebeln, gehackt,
je 1 Möhre, Lorbeerblatt, Selleriestück,
je $1/4$ l Rotweinessig und Wasser,
je 2 Nelken, Pimentkörner,
3 Wacholderbeeren,
1 TL Pfefferkörner, Salz
Für den Apfelrotkohl:
1 Rotkohl,
Gänseschmalz,
$1/8$ l Rotwein,
2 Pimentkörner,
4 Nelken, Salz,
1 Apfel, geschält
Für die Kartoffelklöße:
1 kg Kartoffeln, gekocht,
150 g Mehl, 2 Eier,
je 1 TL Butter und Salz,
1 Pr. Muskat

Zubereitung

Braten für 3 – 5 Tage vollständig bedeckt marinieren. Trockentupfen, in heißem Öl von allen Seiten anbraten. Zwiebeln und Möhre zufügen, mit dem Essig-Wasser-Gemisch angießen. Für 2,5 Std. im geschlossenen Topf schmoren, Fleisch regelmäßig wenden, ggf. Wasser nachgießen. Zum Schluss Rosinen zufügen. Rotkohl in Streifen schneiden. Gänseschmalz im Topf glasig werden lassen, Rotkohl hineingeben, Pimentkörner, Nelken und Salz zufügen, mit Rotwein auffüllen, fein geriebenen Apfel hinzugeben und 1 Std. dünsten. Kartoffeln durchpressen, mit den übrigen Zutaten vermischen, gut durchkneten, zu Klößen formen und in kochendem Salzwasser ca. 20 Min. ziehen lassen.

DIE KURPFALZ – KRIEG UND FRIEDEN AM NECKAR

Schwetzingen, Schloss mit Arionbrunnen

Wer die Kurpfalz heute auf der Landkarte sucht, wird erfolglos bleiben. Nur ein tiefer Blick in die Historie hilft hier weiter.

Im Mittelalter bezeichnet man eine königliche Wohnburg als „Pfalz". Sie ist ein Stützpunkt territorialer Macht, dem Pfalzgrafen vorstehen. Der den Lothringern vorbehaltene Titel „Pfalzgraf bey Rhein" geht nach dem Tod des letzten Lothringers an Konrad von Hohenstaufen, der seinen staufisch-salischen Be-

sitz am Rhein nun mit jenem am Neckar vereint.

Aus Landesherren werden Fürsten, die zunehmend an Einfluss gewinnen. Ein Reichsgesetz von Karl IV., die „Goldene Bulle" von 1356, macht sieben dieser Fürsten zu Kurfürsten: Sie dürfen fortan den deutschen Kaiser küren. Der „Pfalzgraf bey Rhein" avanciert als des Kaisers Stellvertreter zum zweitmächtigsten Mann im Staat.

Als Kurfürst Friedrich V. die Schlacht am Weißen Berg verliert und ins Exil flüchtet,

geht mit ihm jedoch die Kurwürde dahin, zumindest bis 1648.

Zu dieser Zeit hat der Dreißigjährige Krieg die Kurpfalz verwüstet. Aus diesem Grund vermählt Kurfürst Karl Ludwig seine Tochter Elisabeth-Charlotte, die als Liselotte von der Pfalz bekannt wird, mit dem Bruder Ludwigs XIV.

In dieser strategischen Ehe ist Liselotte sehr unglücklich. Davon berichtet sie in eindrucksvollen Briefen, die ein authentisches und keinesfalls sonniges Bild vom Leben in Versailles zeichnen.

Als ihr Bruder, Kurfürst Karl II., kinderlos stirbt, meldet der französische Monarch Anspruch auf das Erbe seiner Schwägerin an. Der Pfälzisch-Orléansche Erbfolgekrieg bricht aus und Liselotte muss miterleben, wie ihre Heimat erneut in Trümmer fällt – und mit ihr auch ihr geliebtes Zuhause, das Heidelberger Schloss.

Vor ihrem Tod 1722 erfährt sie erfreut, dass die Kurpfalz zu neuem Glanz erstarkt. Doch sie stirbt, ohne die Heimat je wiedergesehen zu haben.

Unter Kurfürst Carl Theodor erlebt die Kurpfalz ihr „Goldenes Zeitalter". Gleichsam ein Synonym für diese prosperierende Zeit ist Schloss Schwetzingen. Carl Theodor lässt es zu seiner Sommerresidenz ausbauen und einen der prächtigsten Schlossgärten Europas anlegen, der sich heute authentisch rekonstruiert präsentiert.

In seinem Lustschloss pflegt er ein reges gesellschaftliches Leben, das sich hauptsächlich in den beiden Zirkelsälen sowie im Garten abspielt.

1763 verzaubert der siebenjährige Mozart den Kurfürsten mit seinem virtuosen Spiel, und auch Voltaire ist ein gern gesehener Gast bei Hofe.

Der opulente Garten wird von den besten Gartenarchitekten und Künstlern dieser Zeit – Petri, Pigage und Sckell – ausgestaltet. Im Zentrum zeigt er sich absolutistisch und symmetrisch, dann folgen verspielte Rokoko-Freilichtkabinette und nach außen schließt ein englischer Landschaftsgarten an.

Allüberall begeistern Springbrunnen, Wasserspiele und Seen, filigrane Götter-Figuren, das Badhaus und die orientalische Moschee, Tempel wie der Apollotempel, der auf einer Felsengrotte thront, ein römisches Aquädukt sowie 25 nach chinesischem Vorbild erbaute Brücken das Auge.

Heute sind das Schloss und sein Rokokotheater (das einzig erhaltene Theater des 18. Jahrhunderts) Schauplatz der weltbekannten Schwetzinger Festspiele und des renommierten Mozartfestes.

Auch die Bürgerhäuser am Schlossplatz, dem Zentrum des geselligen Lebens der Residenzstadt, zeugen vom „Goldenen Zeitalter".

Die katholische Pfarrkirche St. Pankratius wird von den kurfürstlichen Hofbaumeistern mit schönen Altären und Deckengemälden schlicht, aber wirkungsvoll ausgestaltet.

1778 erbt Carl Theodor Bayern und muss seine Residenz schweren Herzens von Mannheim nach München verlegen. „Die Pfalz bey Rhein" verliert ihre Bedeutung.

Mit Napoleon, der die Pfalz links des Rheins Frankreich zuschlägt und die rechtsrheinischen Gebiete unter Baden und Hessen-Darmstadt aufteilt, geht die Ära der Kurpfalz zu Ende.

In den Herzen der Kurpfälzer lebt sie jedoch noch heute weiter.

Arionbrunnen

Moschee

RINGHOTEL ADLER POST

Ringhotel Adler Post

Schlossstraße 3
68723 Schwetzingen

Telefon 0 62 02/27 77-0
Telefax 0 62 02/27 77-77

Ruhetage: Sonntagabend und Montag

In unmittelbarer Nachbarschaft des wunderschönen Schwetzinger Schlosses und dem zu den schönsten Gartenanlagen Europas gehörenden Schlosspark mit all seiner barocken Pracht erhebt sich das stattliche Hotel Adler Post. 1840 vereinte der Seiler- und Poststallmeister von Großherzoglichen Gnaden, Johann Andreas Ihm, den Gasthof Adler und die Posthalterei unter einem Dach.

Fortan blieb das Haus im Familienbesitz und heute führen Werner und Ursula Höfer das Traditionshaus mit liebenswerter Gastfreundschaft in 6. Generation, und die prächtige gelbe Fassade erinnert noch immer an die einstige Funktion als Großherzoglich-Badische Posthalterei.

In der Post-, der Schimper- und der Zeyher-Stube (für Nichtraucher), die mit ihren Namen auf die Schwetzinger Geschichte verweisen, wird eine gehobene regionale Küche serviert. Küchenchef Udo Kochendörfer, seit 13 Jahren dem Hause treu verbunden, wagt aber auch mit mediterran und französisch inspirierten Kreationen gern den Blick über den Kurpfälzer Tellerrand hinaus.

Und so versprechen das À-la-Carte-Angebot und ideenreich konzipierte Menüs aromenreiche Gaumenfreuden. Der Zander tritt mit Champagnerlinsen, violetter Senfsauce, Kartoffel-Plätzchen und Shitake-Pilzen auf, das Lammrückenfilet, mit Basilikum-Pesto überbacken, kommt mit Speckbohnen und Sahnekartoffeln daher und das Adler-Post-Töpfchen vereint Filet-Medaillons in Paprikarahm mit frischen Pilzen, handgeschabten Eierspätzle und bunten Salaten.

Der Gourmet-Kalender ergänzt die erlesene Auswahl um jahreszeitliche Spezialitäten, im Frühling zartes Lamm, gefolgt vom berühmten und äußerst köstlichen Schwetzinger Spargel. Der Sommer gehört den Flusskrebsen, der Herbst frischen Wildspezialitäten. Die Austernsaison im November leitet über zu knusprigem Gänsebraten. Bekannt ist das Traditionshaus, Mitglied der renommierten „Chaîne des Rôtisseurs", vor allem für kunstvoll am Tisch vollendete, also tranchierte oder flambierte Speisen von in Pernod flambierten Garnelen bis zum klassischen Crêpe Suzette, der sich mit flammendem Grand Marnier vereint.

Die Zimmer des Hotels Adler Post präsentieren sich komfortabel und mit viel Geschmack eingerichtet (z. T. rollstuhlgerechte und Nichtraucher-Zimmer).

Das Hotel Adler Post ist bei jeder Gelegenheit eine empfehlenswerte Adresse zum Wohlfühlen. Das schätzen auch die kulturbegeisterten Gäste, die anlässlich der Schwetzinger Festspiele oder des Mozartfestes anreisen, sowie das Ferrari-Team, das sich hier seit über 30 Jahren vom Rennstress auf dem nahen Hockenheim-Ring erholt.

Sommerragout von Flusskrebsen mit Zandermousse

Zutaten

Ca. 20 Flusskrebse,
Wurzelgemüse,
1 Bd. Dill,
Kümmel,
je 0,5 l Krebssud und Sahne,
je 0,1 l trockener Weißwein und
Noilly Prat,
Cognac,
Butter, Olivenöl,
Tomatenmark
Für die Zandermousse:
300 g Zanderfilet,
1 Scheibe Toastbrot ohne Rinde,
1 Eiweiß,
150 ml Sahne,
Salz, Pfeffer, Muskatblüte

Zubereitung

Krebse im Sud aus Wasser, Weißwein, Wurzelgemüse, Kümmel und Dill ca. 7 Min. garen. Abkühlen lassen. Dann Schwanzfleisch und Scheren ausbrechen, Darm entfernen. Krebskarkassen in Butter und Öl anrösten, gewürfeltes Wurzelgemüse mitrösten. Tomatenmark zufügen, mit einem Schuss Cognac flambieren, mit Weißwein und Noilly Prat ablöschen und mit Krebsfond und Sahne auffüllen. Ca. 30 Min. köcheln lassen, passieren, auf 1/2 l reduzieren, mit kalter Butter aufmixen und abschmecken. Toastbrot in Sahne einweichen, mit gekühltem Zander, Eiweiß, Gewürzen im Kutter fein zerkleinern, zu Klößchen formen und in Salzwasser pochieren. Das Krebsfleisch in der Krebssauce erwärmen, mit Zandermousse auf Blattspinat anrichten. Dazu werden im Hotel Adler Post noch mit Zandermousse gefüllte Seezungenröllchen serviert.

RESTAURANT HIRSCH

sich die Riesengarnelen „Madras" in pikanter Chilisauce mit Mie-Nudeln, mediterran die Perlhuhnbrüstchen in Morchelrahmsauce und heimatverbunden der Kurpfälzer Wildteller mit Rehragout und Knödel. Zum Abschluss setzen ein hausgemachtes Amaretto-Halbgefrorenes mit Pflaumen oder Moccatimbale mit Schokoladensauce ein letztes Glanzlicht.

Die Tageskarte bereitet das aktuelle Marktangebot gelungen auf, und das empfohlene 3-Gang-Menü ist die kulinarische Zusammenfassung der Köstlichkeiten aus der Hirsch-Küche. Zur kurpfälzisch-italienischen Küchenliaison passen die fruchtigen Weißweine aus der Pfalz, Baden und dem Kaiserstuhl und samtige italienische und französische Rotweine aufs Beste. Spezialitätenwochen präsentieren ergänzend dazu den jahreszeitlichen Warenkorb dieser Region, vom weithin bekannten Ketscher Spargel über das umfangreiche Fischbüfett am Aschermittwoch und Karfreitag bis zum traditionellen Gänseessen am 11. November. Ein Highlight setzt auch die exzellente Auswahl an Wildgerichten, die anlässlich der seit nunmehr 16 Jahren in Folge von hiesigen Jägern und Gastronomen veranstalteten

Der güldene Hirsch röhrt erwartungsfrohen Himmel, als verkünde er, welche Gaumenfreuden den Gast in dem Traditionshaus in Ketsch, das seinen Namen trägt, erwarten. Seit 1984 schreiben die Gastgeber Bernadette und Marius van Noordt die Gastronomiegeschichte des stattlichen Hauses mit dem schönen Sandsteinerker, die im Jahr 1907 ihren Anfang fand, fort.

Der gebürtige Niederländer erlernte sein Handwerk in seiner Heimat, in der Schweiz und Italien und so bietet er seinen Gästen dann auch eine auf der Kurpfälzer Küche basierende fantasievoll variierte Speisenauswahl mit deutlich mediterranem Gepräge.

„Frisch, leicht und bekömmlich soll meine Küche sein", umschreibt er seinen von harmonischer Aromenkomposition geprägten Kochstil, der ein treues Stammpublikum regelmäßig in das liebevoll gestaltete Ambiente des Hirschen führt. So vereint sich das Carpaccio von der Stierlende mit Parmesan, Zitronenpfeffer und Basilikum, die in Zitronenbutter gebratene Mai-Scholle kommt mit Gemüse von Ketscher Spargel und neuen Kartoffeln daher. Exotisch zeigen

Restaurant Hirsch

Hockenheimer Straße 47
68775 Ketsch

Telefon 0 62 02/6 14 39
Telefax 0 62 02/60 90 26

Ruhetag: Dienstag

Rehbockmedaillons mit Cognac-Preiselbeersauce

Zutaten

8 Rehbockmedaillons
(aus dem Rücken)
Für die Kräutermischung:
1 Thymianzweig,
1 getrocknetes Lorbeerblatt,
5 Wacholderbeeren;
Öl,
Butter,
klein gehackte Knochen von
Reh und Hirsch,
1 Zwiebel, gehackt,
1 Knoblauchzehe
Für das Röstgemüse:
Zwiebeln,
Karotten,
Sellerie;
Pfefferkörner,
Lorbeerblatt,
Thymian,
0,4 l Rotwein, trocken,
1 EL Wildpreiselbeeren,
1 Schuss Cognac,
Salz,
Pfeffer

„Ketscher Wildwochen" im Hirschen serviert werden.
Das gelungen ausgestaltete Restaurant mit seinem edel-rustikalen Interieur, den schweren Holzbalken und den liebevoll zusammengestellten Accessoires, die auf eine lange Gastronomiegeschichte verweisen, und nicht zuletzt die sympathische und herzliche Art des Gastgeberpaares machen den Besuch im Hirschen zu einem wahrhaft gelungenen kulinarischen Erlebnis.

Zubereitung

Die Wildknochen in etwas Öl mit Zwiebeln, Knoblauch, Röstgemüse und Pfefferkörnern, Lorbeerblatt und Thymian dunkelbraun anrösten, mit dem Rotwein ablöschen und ca. 30 Min. kräftig kochen lassen. Dann Sauce abpassieren, Cognac und Preiselbeeren zufügen, mit Salz und Pfeffer abschmecken. Rehmedaillons mit Salz, Pfeffer und der Kräutermischung würzen. Zunächst in Öl, dann in Butter auf beiden Seiten anbraten, sie sollten innen noch rosa sein.
Auf den Tellern anrichten, mit der Sauce umgießen.
Dazu passen Spätzle, Pfifferlinge und zur Garnierung Preiselbeeren.

Weinheim

Birkenau

„Hier will Deutschland Italien werden!", rief Josef II., Sohn von Kaiserin Maria Theresia, aus, als er 1765 die Bergstraße bereiste, seit jeher ein sonnenverwöhntes Stückchen Deutschland, in dem der Frühling als erstes Einzug hält. Eingebettet zwischen Rheinebene und Odenwald hat sich die Bergstraße, die sich von Darmstadt bis Wiesloch erstreckt, als anerkanntes Obst- und Weinbaugebiet mit reizvollen Landschaftsansichten etabliert.

Die 1258 erbaute gotische Bergkirche von Zwingenberg am Fuße des Melibocus thront hoch über dem von Fachwerk umsäumten Marktplatz. Neben den Resten der Stadtbefestigung sind vor allem das Schlösschen mit Barockportal, heute das Rathaus, sehenswert.

Schloss Auerbach bei Bensheim (13. Jh.) ist die größte Burganlage der Bergstraße, 1674 zerstörten die Franzosen die Festung, im 20. Jahrhundert wurde sie restauriert und dient heute als eindrucksvolle Bühne für Freilichtaufführungen. Die Atmosphäre der Stadt ist von Fachwerk, Adelshöfen und Resten der Stadtmauer rund um den historischen Marktplatz geprägt.

Das mächtige karolingische Reichskloster Lorsch verband unter Karl d. Großen geistliche mit politischer Macht. Im 12. Jahrhundert verlor es seinen weitreichenden Einfluss und brannte schließlich im Dreißigjährigen Krieg fast vollständig ab. Erhalten geblieben sind die kunstvoll ausgestaltete Torhalle von 774, die zum UNESCO Weltkulturerbe erhoben wurde, das Mittelschiff der romanischen Vorkirche und ein Teil der Klosterringmauer.

Viel Wissenswertes über die bewegte Klostergeschichte erfährt man im Museumszen-

trum Lorsch gleich neben der imposanten Torhalle.

Romantisch zeigt sich der Heppenheimer Marktplatz mit seinem prachtvollen Fachwerkrathaus mit vielen Renaissance- und Barockelementen. Sehenswert sind die Liebig-Apotheke (Liebig sprengte hier als Apothekerlehrling das Dach in die Luft, bevor er zum weltweit anerkannten Chemiker avancierte), der Kurmainzer Amtshof, heute Museum für Stadtgeschichte und Volkskunde, und der imposante Dom St. Peter, eine mächtige Kuppelkirche, die 1904 anstelle einer romanischen Kirche erbaut wurde, welche der Sage nach auf Karl d. Großen zurückgeht.

Die Starkenburg, 1605 erbaut, wurde im 18. Jahrhundert geschleift, 1929 wieder neu errichtet und beherbergt heute neben der Burgschänke eine Jugendherberge.

Gleich zwei Burgen wachen über Weinheim: die Ruine der Burg Windeck und gleich daneben die Wachenburg, 1907-27 vom Weinheimer Senioren-Convent als Treffpunkt studentischer Verbindungen erbaut.

In Weinheim sind das Alte Rathaus mit hübschem Zinnengiebel, der Marktplatz mit pittoreskem Fachwerk und das malerische Gerberbachviertel sehenswert. Das ehemalige Deutschordenshaus birgt das Stadtmuseum. Das Weinheimer Schloss, das heutige Rathaus, entwickelte sich aus zwei Adelshöfen, die noch heute durch das Obertor verbunden werden. Im 18. Jahrhundert wurde der prächtige Schlossgarten angelegt, in dem eine mächtige Libanonzeder, 1730 gepflanzt, mit ihrer Krone 300 Quadratmeter Bodenfläche abdeckt. Gleich dahinter schließt sich der Exotenwald mit mehr als 80 verschiedenen Laub- und Nadelbäumen aus aller Welt an, zu sehen sind unter anderem Mammutbäume, Atlaszedern, japanische Sicheltan-nen, Tränenkiefern und kanadischer Silberahorn.

In Birkenau, dem „Dorf der Sonnenuhren", kann man 40 Sonnenuhren an den Häuserfronten entdecken, aber auch das Fachwerkrathaus von 1552 mit Pranger, das barocke Schloss des Freiherren von Wambold und das niedliche Heimatmuseum „Wewwer-Häusel".

Die Strahlenburg in der renommierten Weinbaugemeinde Schriesheim wurde von Conrad von Strahlenberg 1235 zum Schutz des Städtchens erbaut. Die katholische Pfarrkirche birgt barocke Altäre aus dem 18. Jahrhundert Am idyllischen Marktplatz sind das steinerne Stadtpalais der Adelsfamilie und viele stattliche Fachwerkbauten rund um das schöne Fachwerk-Rathaus zu finden. Er ist auch seit 1579 der Schauplatz des weithin bekannten Mathaisemarktes im März.

Blick über Breitenwiesenwinkel

WEINHAUS & WEINGUT BARTSCH

Weinhaus & Weingut Bartsch

Schillerstraße 9 – 11
69198 Schriesheim

Telefon 0 62 03 / 69 44 14
Telefax 0 62 03 / 69 44 19

Ruhetage: Sonntag und Montag

Die Weinstadt Schriesheim zwischen Heidelberg und Weinheim zählt zu den größten
Weinbaugemeinden Nordbadens und wird
von zahlreichen Weinbergen malerisch umrahmt.

Zwei der renommiertesten Lagen, der Ma-
donnen- und der Schlossberg, befinden sich
im alleinigen Besitz der Winzerfamilie
Bartsch, ein Name, der seit über 50 Jahren
für anspruchsvolle Weine bürgt. Der Großvater des heutigen Besitzers Gerd Bartsch
legte in den 50er Jahren aus seiner Leidenschaft für Wein heraus den Grundstein für
das erfolgreiche Weingut. Ebenso wie sein

Großvater und Vater empfindet auch Gerd
Bartsch eine große Leidenschaft für den
edlen Rebensaft, erlernte jedoch zunächst
einen völlig anderen Beruf und studierte

Betriebswirtschaft, bevor er den Familienbetrieb 1996 übernahm. Im Betrieb aufgewachsen, eignete er sich jedoch schnell viel Fachkenntnis und ein sicheres Gespür für die Weinerzeugung an.

Die 14 ha große Rebfläche umfasst ausschließlich Steillagen, die der Qualität des Weines sehr entgegenkommen, da sie viel Wärme speichern können und für ein günstiges Mikroklima sorgen. Hier wachsen charakterstarke und aussagekräftige Rieslinge, Grau- und Weißburgunder, Kerner, spritzigleichter Weißherbst und tiefdunkler Spät-

sommer die Weißweine und im Herbst den neuen Spätburgunder.

Im Jahr 2000 ist mit dem „Weinhaus" auch ein stilvoller kulinarischer Rahmen für die Bartsch'schen Weine entstanden. Zunächst als Weinstube mit gehobenem Anspruch geplant, hat sich schnell eine leichte und am Wein orientierte Küche entwickelt.

Allabendlich können die Gäste hier eine Fülle regionaler Spezialitäten, die mit mediterranem Charme variiert werden, genießen, ergänzt durch Highlights der Saison und aktuelle Tagesangebote.

richtigen Weines und pflegen ihr gutes Verhältnis zu den vielen Stammgästen.

Einmal im Jahr reisen Freunde der Familie Bartsch aus der Emilia Romagna nach Schriesheim und verwöhnen die Gäste des Weinhauses mit ihrer Küche.

Viele Anregungen finden sich anschließend auch auf der Weinhaus-Speisekarte wieder.

Opernabende, bei denen ein Tenor Arien vorträgt, machen das kulina-

burgunder. Einige ausgewählte Tropfen werden auch im Eichenholzfass vergoren und ausgebaut. Als einziges Weingut in Nordbaden hat Familie Bartsch sogar Chardonnay und Muskateller im Sortiment, das auch Sekte und Perlweine umfasst.

Von der Arbeit im Weinberg bis zur schonenden Vinifikation liegt jeder Schritt in der Hand der Familie, sodass Gerd Bartsch mit seinem guten Namen für den hohen Anspruch seiner Weine garantieren kann. Zweimal im Jahr präsentiert er seinen Kunden, Privatkunden, aber auch Gastronomen der Region, den neuen Jahrgang, im Früh-

Neben den eigenen Weinen sind übrigens auch noch internationale Positionen von Italien, Spanien und Frankreich bis Südafrika zu finden. Etwa 25 Weine werden offen angeboten.

Das Restaurant zeigt sich lichtdurchflutet und elegant. Das farbenfrohe Landhaus-Ambiente ergänzt auch optisch die zeitgemäßen Köstlichkeiten aus Küche und Keller. Im Sommer bietet der idyllische Innenhof inmitten südlicher Pflanzen lauschige Plätze im Freien. Gerd Bartsch und seine Frau Angela sorgen charmant und souverän für ihre Gäste, beraten bei der Auswahl des

rische Angebot des Hauses zum Kultur-Event.

In den Wintermonaten stehen ein täglich wechselndes Menü, das mit korrespondierenden Weinen serviert wird, und ab November die Martinsgans auf dem Programm. Und auch Weinproben können mit begleitendem Menü verbunden werden. Nicht nur zu diesen Gelegenheiten empfiehlt es sich, im Weinhaus Bartsch einen Platz zu reservieren.

Marktangebot angepasste Speisenauswahl, und Weine der Hessischen Bergstraße sowie aus Italien, Frankreich und Österreich begleiten die erlesenen Gaumenfreuden wie den Salat von Flusskrebsen mit Madrascurry-Joghurt, Mango und Papaya, gegrillte Schwertfischmedaillons mit Tomatenragout auf Paella oder Keule vom Odenwälder Reh mit Pfifferlingen, Sommergemüse und handgeschabten Spätzle. Vegetarier freuen sich über fantasievolle Kreationen, zum Beispiel Brennnesselknödel mit Pfifferlingsragout. Desserts wie das Kompott von Weinbergspfirsich mit Safraneis und Eclairs mit Ziegenfrischkäse beenden die feinen Gourmandisen würdig.

Restaurant Drei Birken

Hauptstraße 170
69488 Birkenau

Telefon Restaurant 0 62 01/3 23 68
Telefon Hotel   0 62 01/30 32

Ruhetage des Restaurants:
Montagabend und Dienstag

Im „Dorf der Sonnenuhren" lädt das Restaurant Drei Birken Feinschmecker zu einer innovativen, leichten Küche ein, welche die Gaben dieser Region mediterran verspielt variiert.

Gastgeber Karl Gassen hat in der Sterne-Gastronomie seine Erfahrungen gesammelt und setzt diese seit vielen Jahren erfolgreich im elterlichen Betrieb mit seinem eigenständigen, von perfekter Aromenharmonie geprägten Stil in Szene. Ehefrau Christine sorgt derweil im stilvollen Restaurant, im lichtdurchfluteten Gartenzimmer und im Sommer auf der Terrasse mit herzlich-charmanter Art für ein Wohlfühl-Ambiente, das zum Wiederkehren einlädt.

Ein regional und ein international konzipiertes Menü bereichern die dem saisonalen

VON WINZERN, WEIN UND BESENWIRTSCHAFTEN

Schon die Römer kultivierten Reben an der Bergstraße, denn sie wussten um das milde Klima und die fruchtbaren Böden der „Strata montana". Die Hessische Bergstraße, eines der kleinsten Weinanbaugebiete Deutschlands, geht hinter Heppenheim in die Badische Bergstraße über, die dann südlich bei Wiesloch in den Kraichgau mündet. Hier gedeihen vor allem Trollinger, Lemberger, Kerner, Auxerrois und Portugieser, Gewürztraminer und Schwarzriesling. Wie auch an der Bergstraße spielt der Riesling eine große Rolle, ergänzt von Müller-Thurgau, Silvaner, Grau-, Weiß- und Spätburgunder.

Und auch im Neckartal wächst auf lieblichen Hängen so mancher Tropfen, der Weinfreunde ins Schwärmen bringt.

Lockerer Muschelkalk, Löß und Lehm, Keuper und Buntsandstein geben dem Rebstock Gelegenheit, seine Wurzeln tief in die Erde zu graben. Die Niederschlagsmenge ist überschaubar, die Sonnenstunden reichlich und die Hang-, Terrassen- und Steillagen können die Wärme bis in die Nacht hinein speichern – beste Voraussetzungen für körperreiche und kraftvolle Weiß- und Rotweine.

Der Bergsträßer Weinlagenweg begleitet auf idyllischen Wanderwegen mit informativen Weinlagentafeln die Hessische Bergstraße bis zur badischen Grenze.

Die Weinstraße Kraichgau-Stromberg und die Schwäbische Weinstraße verbinden idyllische Winzergemeinden, in denen man die feinen, aber wichtigen Unterschiede zwi-

schen badischen und württembergischen Weinen genussvoll erschmecken kann.

Gelegenheit dazu geben urige Besenwirtschaften, in denen man sein „Viertele schlotze" und dabei herzhafte Vespergerichte genießen kann.

LANDMETZGEREI HORNUNG

Landmetzgerei Hornung

Nibelungenstraße 243
64686 Lautertal-Reichenbach

Telefon 0 62 54/12 41
Telefax 0 62 54/34 28

Ruhetag: Mittwochnachmittag

In Zeiten von Fleischskandalen und der Massenproduktion von Fleisch- und Wurstwaren für Supermarktketten ist es vielen Verbrauchern wichtig, den Weg von der Weide bis zur Ladentheke transparent nachvollziehen zu können. Für sie steht eine artgerechte Tierhaltung, natürliche Fütterung sowie die fachgerechte Herstellung frischer und sortentypischer Produkte im Vordergrund, die durch Geschmack begeistern statt durch künstliche Aromastoffe. Die Landmetzgerei Hornung geht schon seit 13 Jahren diesen Weg, damals noch weitgehend unbeachtet, doch inzwischen in der gesamten Region anerkannt. Sein starkes Bewusstsein für Tiere und Natur brachte den Versicherungskaufmann Gunther Hornung dazu, im Alter von 25 Jahren noch einmal umzuschulen und den Beruf des Metzgers zu erlernen. Der Meistertitel folgte auf dem Fuße, und im Jahr 1990 eröffnete er mit Ehefrau Helga

die Landmetzgerei im Lautertaler Ortsteil Reichenbach an der Nibelungenstraße. Helga Hornung, eigentlich Erzieherin, teilt seine Begeisterung und unterstützt ihren Mann in

tags und samstags frisch aus dem Kessel kommt. Für zwei Spezialitäten ist die Metzgerei Hornung, die regelmäßig DLG-Auszeichnungen für ihre hochwertigen Produkte erhält, ganz besonders bekannt. Zum einen für den herzhaften und sogar patentamtlich geschützten Nibelungenschinken, ein Rohschinken, der zunächst trocken eingesalzen und dann in Buchensägemehl leicht geräuchert wird und anschließend ganze sechs Monate lang zu seinem vollendeten Geschmack heranreift. Die zweite Spezialität des Hauses ist die „Odenwälder Runde", eine köstliche, angenehm trockene Salami, die nach traditioneller Herstellung mit schlachtwarmem Fleisch hergestellt und dann, je nach Ausführung, zwischen acht Wochen und sechs Monaten luftgetrocknet wird. Die köstliche Delikatesse gibt es in diversen Ausführungen: im Ring, als langen, dünnen Knacker und als kleine, handliche „Lautinchen", dem Snack, der vor allem Kinderherzen erfreut. Dieses ambitionierte Engagement erweckte auch die Aufmerksamkeit des renommierten Club Prosper Montagné. Diese Initiative, die von Paul Bocuse und anderen Spitzenköchen unterstützt wird, hat sich der Bewahrung der Tradition guter Küche verschrieben. Sie bewertet gastronomische und zugehörige Fachbetriebe aufgrund ihrer Produkt-Kompetenz, fachlicher Qualifikation sowie ihrer menschlichen Einstellung. Unabhängige und anonym auftretende Prüfer besuchen die von ihnen ausgewählten Betriebe und unterziehen die Testkäufe strengen Qualitätskriterien. Bereits mehrfach wurden die Hornungs dabei für ihre Produkte ausgezeichnet. Geschmack, der überzeugt, und Qualität, die begeistert.

der Metzgerei und dem anerkannten Party-Service. Nur ausgewählte Bauernhöfe der Umgebung, die seit vielen Jahren mit den Hornungs kooperieren und deren Ideen teilen und konsequent Tag für Tag umsetzen, sorgen für Rind-, Kalb- und Schweinefleisch. Die Hornungs können ihren Kunden garantieren, dass die Tiere in kleinen bäuerlichen Betrieben artgerecht aufgezogen und bis zur Schlachtreife mit Futter aus der Region versorgt werden. Kurze Wege und eine stress-

freie Schlachtung unterstützen die herausragende Fleischqualität. Hinzu kommen Lamm, das ein Hobbyschäfer liefert, und Wild von Jägern der Region, das in delikate frische und geräucherte Wildschweinsteaks, Bratwurst sowie Wildschweinschinken verwandelt wird. Sämtliche Wurstsorten sind phosphatfrei und dadurch besonders bekömmlich. Beliebt sind vor allem die Hausmacher Wurstsorten und die in Hessen unverzichtbare Fleischwurst, die dienstags, donners-

DER ODENWALD –

Bei Waldbrunn

Auch wenn der Odenwald sich auf drei Bundesländer verteilt – den größten Teil macht Hessen im Norden aus, Bayern und Baden-Württemberg teilen sich den südlichen und östlichen Teil –, die Grenze überschreitet man häufig ganz unbemerkt. Denn tiefdunkle Wälder und stille Täler, romantische Bergstrecken, von Weinbergen geprägte Landschaften und darüber hinaus interessante Städte mit zahlreichen kulturhistorischen Baudenkmälern sind überall zu entdecken.

Einen tiefen Blick in die Vergangenheit ermöglicht die „Haselburg" bei Höchst-Hummetroth. Die römische Portikusvilla mit Säulengängen und Fußbodenheizung umfasst im Grundriss ein Badehaus mit Kalt-

und Warmbaderaum, Schwitzbad und sogar eine Toilette mit Wasserspülung.

Nicht ganz so luxuriös dürfte es auf Burg Breuberg, heute Jugendherberge und Museum, zugegangen sein. Doch der prächtige Rittersaal, Bergfried und Hexenturm mit Burgverlies, der 85 Meter tiefe Brunnen, Weiber- und Zeughaus, Marstall und Kapelle sind trotzdem einen Besuch wert.

Reichelsheim entwickelte sich unter dem Schutz der Burg Reichenberg zu einer ansehnlichen Gemeinde. Darüber berichtet auch das Regionalmuseum Odenwald, das seine Heimat im wunderschönen Fachwerkrathaus gefunden hat. Die 1250 gegründete Burganlage schließt Zwinger, Küchen- und Krummen Bau, Herrenhaus sowie die Burgkapelle und das Amtshaus ein (heute Tagungsräume und Café).

Das pittoreske Rathaus (1484) von Michel-

stadt mit dem auf Eichenholz thronenden Fachwerkaufbau, Spitzgiebel und Erkertürmchen ist sicher das meistfotografierte Motiv im Odenwald. Hinter dem Rathaus ragt die spätgotische Stadtpfarrkirche gen Himmel. Eine Tour durch die Altstadt führt zu Diebsturm, Storchenwinkel und Zehntscheune, zum barocken Gasthaus zum Löwen und zur Alten Apotheke. Wer Museen bevorzugt, dem stehen das Odenwald- und Spielzeugmuseum in der Kellerei, das jüdische Lichtigfeld-, das private Elfenbein- und das Motorradmuseum zur Auswahl.

Die karolingische Einhardsbasilika im Stadtteil Steinbach ist eines der ältesten Bauwerke Hessens, sie gehörte zur Klosteranlage, die Einhard, ein Vertrauter Karl des Großen, gründete. Seit dem Dreißigjährigen Krieg sind von der einst dreischiffigen Kirche nur noch das Mittelschiff sowie Hauptapsis,

LEBENDIGE GESCHICHTE IM DREILÄNDERWALD

Nebenchor und Krypta erhalten. Das gräfliche Schloss der Grafen zu Erbach-Erbach, die ihre ehemals romanische Burg, deren Bergfried erhalten blieb, 1736 barock ausbauten, dominiert den Marktplatz von Erbach. Besonders Graf Franz I., ein passionierter Jäger und Kunstsammler, hat Spuren hinterlassen. Treppenhaus und Hirschgalerie (barocke Schnitzdecke!) enthalten eine riesige Sammlung kapitaler Geweihe. Rittersaal und Gewehrkammer zeigen Rüstungen und historische Waffen, die Hubertuskapelle einen gotischen Schnitzaltar, die Römischen und Griechischen Zimmer italienische Antiken. Mit der Einführung der Elfenbeinschnitzerei machte der Graf seine Stadt weltberühmt. Kunst rund um das „weiße Gold" vom Mittelalter bis zur Gegenwart zeigt das weltweit einzige Elfenbeinmuseum. In der „Städtel" genannten Altstadt sind das Rathaus aus dem 16. Jahrhundert, Echterhof (1545), Tempelhaus, Habermannsburg sowie die evangelische Stadtkirche aus dem 18. Jahrhundert sehenswert.

Bei Mossautal zeigt sich der Odenwald besonders wildromantisch, kein Wunder also, dass hier die Sage der Nibelungen fest verwurzelt ist, die Nibelungen- und die Siegfriedstraße nicht weit sind. Am Lindelbrunnen bei Hüttenthal soll Hagen von Tronje Siegfried tödlich verletzt haben.

Das Prunkstück Amorbachs ist die berühmte Abteikirche. Die beiden Westtürme stammen vom Vorgängerbau aus dem 11. Jahrhundert. Der Innenraum wurde im 18. Jahrhundert üppig-opulent ausgestaltet. Besonders die Stumm-Orgel, eine der größten Barockorgeln Europas (5000 Pfeifen, 66 Register), aber auch Deckengemälde, Hochaltar und Kanzel sind barocke Juwele.

Die Altstadt wartet mit engen Gässchen, dem historischen Rathaus (15. Jh.), der Mainzischen Amtskellerei (Heimatmuseum), schönem Fachwerk und dem prächtigen Templerhaus von 1291 auf. Neben dem Fürstlich Leiningen'schen Schloss aus dem 18. Jahrhundert ist auch die katholische Pfarrkirche St. Gangolf mit schönen Deckengemälden und einem Viersäulenhochaltar von Materno Bossi beachtenswert.

Auch Buchens Vergangenheit hat sehenswerte Spuren hinterlassen, wie das barocke Alte Rathaus und viele schöne Fachwerkhäuser zeigen. Der mächtige Chorturm der Stadtkirche St. Oswald (16. Jh.) erhielt ihr verspieltes Dach erst 1777. Im „Steinernen Bau" der Kurmainzer Amtskellerei ist das Bezirksmuseum zu finden.

Von hier aus lohnt ein Ausflug zur Wallfahrtskirche in Walldürn, eine barocke Schönheit mit kostbaren Deckengemälden und Stukkaturen und einer prächtigen Orgel.

Erbach

Erbach

Amorbach

HOTEL-RESTAURANT ZUR KRONE

ler zum gelungenen Rendezvous. Zu Beginn fasziniert die Liaison von Rotbarbe auf Glasnudelsalat mit gratiniertem Ziegenkäse und Vanillekumquats. Die Seezunge auf grünem Spargel vereint sich mit Curry-Zitronengrasschaum, gebackenem Sesamsushi und Papaya, der Rehbockrücken in Rosmarinsauce zeigt sich mit gebackenen Semmelknödeln und karamellisiertem Pfirsich.

Zum Dessert verwöhnt zum Beispiel eine überkrustete Schokoladencreme mit Schokoladenkrapfen auf Kirschragout und Lavendeleis.

In der Gaststube gleich nebenan genießt man eine feine bodenständige Odenwald-Küche mit klassischen Gerichten wie Rehragout in Rotweinsauce mit Pilzen oder Rindertafelspitz im Kartoffelmantel. Die Verbundenheit mit der Region zeigt sich auch bei der Auswahl der Lieferanten deutlich. Lamm bezieht Karl-Ludwig Wölfelschneider von einem Odenwälder Züchter, Wild liefern hiesige Jäger, und das Fleisch stammt ausschließlich von regionalen Erzeugern.

Familie Wölfelschneider sorgt mit herzlicher Gastlichkeit für einen perfekten Service. Iris

Hotel-Restaurant Zur Krone

Rondellstraße 20
64739 Höchst-Hetschbach

Telefon 0 61 63/93 10 00
Telefax 0 61 63/8 15 72

Ruhetage: Montag und
Donnerstagmittag

€inladend präsentiert sich das Hotel-Restaurant Zur Krone in Höchst-Hetschbach seinen Besuchern. Viele Feinschmecker kommen hierher in den Odenwald, um die hervorragende Küche zu genießen und in den gemütlichen, komfortablen Zimmern des Hauses zu entspannen. Seit 1872 lenkt Familie Wölfelschneider die kulinarischen Geschicke der Krone, die nun unter der Leitung von Karl-Ludwig Wölfelschneider und Ehefrau Jutta steht.

Der Patron sieht in der eigenwilligen Komposition heimischer Gaben seine kulinarische Herausforderung. Die extravagante Variation, die sich keinem Stil unterordnet, aber die Küchen dieser Welt mit viel Fantasie und Gespür für Aromen aufnimmt, steht im Vordergrund seiner mehrfach ausgezeichneten Kochkunst.

Das elegante Restaurant verspricht edle Gourmandisen. Gleich drei Menüs, darunter stets ein vegetarisches! – stehen in der illustren Auswahl, die sich den Jahreszeiten oder saisonalen Highlights lukullisch widmen. Hier treffen sich multikultureller Aromenreichtum und Odenwälder Produkte auf dem Tel-

**Croustillant vom Lammbries
auf Champignonsalat
mit marinierter Lammhaxe
und Bärlauch**

Zutaten

200 g Lammbries,
Nelke, Lorbeer, Zwiebel,
2 Kartoffeln,
Mehl,
8 Champignons,
10 g Schnittlauch,
1 Lammhaxe, geschmort,
50 g Gemüsewürfel, blanchiert,
4 Bärlauchblätter,
Traubenkernöl,
Balsamico, weiß,
Salz, Pfeffer,
Zucker,
Chicorée- und Friseesalat

Wölfelschneider ist Herrin über die 400 internationalen Positionen der gut sortierten Weinauswahl. Eindrucksvoll ist auch die Fülle an Bränden aus eigenem Obst, die vom Erdbeerbrand bis zum Steinpilzgeist reicht.

Wer an warmen Tagen am idyllischen Teich im Gartenrestaurant Platz nimmt, der möchte am liebsten die Zeit vergessen und noch lange die geglückte Symbiose von hervorragendem Service und hoher Kochkunst genießen.

Zubereitung

Lammbries in Salzwasser mit Lorbeer, Nelke, Zwiebel ca. 10 Min. kochen. Herausnehmen, abkühlen lassen, salzen, pfeffern, in Mehl wenden. Geschälte Kartoffeln in dünne Streifen schneiden und das Bries damit umwickeln. In heißem Fett ca. 3 Min. goldgelb backen. Champignons dünn aufschneiden, salzen, pfeffern, kreisförmig auf dem Teller arrangieren. Aus 4 EL Öl, 2 EL Essig, Salz, Pfeffer und Schnittlauch eine Vinaigrette anrühren, Pilze damit beträufeln. Lammhaxe vom Knochen lösen, würfeln, salzen, pfeffern und warm stellen. Bärlauch in kleine Streifen schneiden, mit Essig, Öl, Salz, Pfeffer, Zucker und Gemüsewürfeln zu einer Marinade verrühren. Das Croustillant auf den Champignons anrichten, Haxenwürfel kreisförmig setzen, mit Bärlauchmarinade beträufeln. Blattsalate als Garnitur arrangieren.

GASTHAUS ZUR FREIHEIT

In dem beschaulichen Örtchen Laudenau, einem kleinen Dorf hoch über Reichelsheim, scheint die Zeit stehen geblieben zu sein. Weit ab von Trubel und Hektik und mit einem wunderschönen Blick in den Odenwald gesegnet liegt das Gasthaus Zur Freiheit, dessen Gastronomiegeschichte seit nunmehr 100 Jahren von Familie Katzenmeier geprägt wird. Aus der einstigen Schankwirtschaft mit Landwirtschaft hat sich ein in der Region anerkanntes Restaurant entwickelt hat. Schon 1456 nannte man diesen idyllischen Flecken „Freiheit", an dem die Gemarkungen dreier Zehnten quasi als Niemandsland aufeinander stießen und der für 48 Stunden Zuflucht bot.

Heute kommen Einheimische wie Touristen wegen der guten Küche des Hauses hierher. Feines und Herzhaftes aus der Region zeigt sich mal in gutbürgerlichem Gewand, mal edel variiert.

Vor allem der kulinarische Jahreskalender macht mit abwechslungsreichen Aktionswochen auf sich aufmerksam, die sich den wohlschmeckenden Produkten dieses Landstriches annehmen. Von den Odenwälder Forellen- und Kartoffelwochen zur Pilz- und Apfelzeit, die schließlich zu Lebkuchen und Martinsgans überleiten, bevor das Jahr mit interessanten Advents-, Nikolaus- und Weihnachts-Specials zur Neige geht.

Der Odenwald entpuppt sich als wahre Schlemmer-Schatzkiste, die Küchenchef Jürgen Katzenmeier in klassische und kreativ komponierte Genüsse verwandelt, welche Ehefrau Heike Wegener-Katzenmeier dann im gemütlichen Restaurant oder auf der sonnenbeschienenen Terrasse kredenzt. Die fangfrische Forelle kommt mit einer leckeren Kräutersauce auf den Tisch, die Blätterteigpastete zeigt sich mit Waldpilzragout und Gemüse und auch die Entenbrust in Cassissauce oder die knusprige Martinsgans vom Odenwälder Bauernhof zeugen von einer gekonnt inszenierten regionalen Küche.

Der Odenwälder Kartoffel wird mit einem traditionellen Kartoffelgemüse mit süß-sauer eingelegten Zwetschgen und Frikadellen, einem südlich inspirierten Kartoffel-Rinderfilet-Spieß mit Rosmarinjus oder deftigen „Reibklöß mit Specksoß" gehuldigt. Die extravagante Variation des klassischen Sonntagsbratens findet sich mit dem Sauerbraten mit Lebkuchensoße und hausgemach-

Gasthaus Zur Freiheit

Freiheitsstraße 20
64385 Reichelsheim-Laudenau

Telefon 0 61 64/10 32
Telefax 0 61 64/91 29 55

Ruhetage: Montag und Dienstag

Odenwälder Lammschulter mit Kräuterfüllung
Für 4 – 6 Personen

Zutaten

800 g Lammschulter,
ohne Knochen, plattiert,
150 g Lammknochen, gehackt,
Für das Röstgemüse:
je 1 Zwiebel, Karotte,
1/2 Sellerieknolle, gewürfelt;
300 ml Lammfond, klar,
1 EL Tomatenmark,
je 1 Lorbeerblatt, Thymian- und
Rosmarinzweig,
Knoblauchzehe,
je kg 1 EL Balsamico und
gehackte Blattpetersilie,
40 g Butter,
Salz, Pfeffer, Öl
Für die Füllung:
250 g Lammhack,
2 Schalotten, 3 Frühlingszwiebeln,
1 Knoblauchzehe, 30 g Petersilie,
gehackt, Thymian, Rosmarin,
2 cl Rotwein, 4 cl Olivenöl

Zubereitung

Schalotten, Frühlingszwiebel, Knoblauch mit Olivenöl und Rotwein pürieren, Kräuter zugeben, mit dem
Lammhack vermischen, salzen, pfeffern. Dann auf der Schulter verteilen,
vorsichtig einrollen, mit Rollbraten-
garn fixieren. Mit Salz, Pfeffer,
Thymian und Rosmarin würzen und
beidseitig in Öl anbraten, dann bei
170 °C in den Ofen geben. Nach
10 Min. Knochen, nach 20 Min. Röstgemüse und nach 30 Min. Fond, Tomatenmark und frische Kräuter dazugeben. Nach insgesamt ca. 45 Min.
Garzeit herausnehmen, 5 Min. ruhen
lassen. Sauce durchpassieren, eventuell etwas einkochen lassen.
Mit Salz, Pfeffer, Balsamico, Petersilie
und Butter vollenden.

ten Kartoffelklößen oder der Odenwälder
Hirschkeule in Rotweinsoße mit Lebkuchen-
spätzle auf der Karte wieder.
Zu all den regionalen Spezialitäten passen
die Weine der Hessischen Bergstraße natürlich vorzüglich.

Das eigene Obst beschert in Form feiner
Edelbrände viel Gaumenfreude, und das
herzhafte Vesperangebot bietet auch den in
Hessen obligatorischen hausgemachten
Kochkäse.

CAFÉ SCHLOSSMÜHLE

des von prächtigem Fachwerk umsäumten Marktplatzes und erhebt sich direkt gegenüber dem Gräflichen Schloss der Grafen zu Erbach-Erbach.

An seine einstige Funktion als Mühle erinnert das stattliche Wasserrad an der Rückseite des Cafés, das sich seit 1986 wieder im Wasser der Mümling dreht.

Vor über 500 Jahren wurde an dieser exponierten Stelle eine Mühle erbaut, die den Bürgern von Erbach einige Jahrhunderte lang das Mehl mahlte.

Im 19. Jahrhundert ging die Mühle dann für kurze Zeit in den Besitz des Grafen Eberhard XV. über, der sie zum markgräflichen Pferdestall

Café Schlossmühle

Marktplatz 6
64711 Erbach

Telefon 0 60 62/74 22
Telefax 0 60 62/91 37 93

Ruhetag: Montag

Die Elfenbeinstadt Erbach im Odenwald begeistert die Besucher mit einer Reihe von pittoresken Sehenswürdigkeiten. Da trifft es sich gut, dass das Café Schlossmühle an einer der malerischsten Stellen zu finden ist und die Besucher nach einem Stadtrundgang mit vielen Köstlichkeiten aus Backstube und Konditorei verwöhnt. Das historische zweistöckige Gebäude ist selbst Teil

umbaute. Doch dann erwarben Alfred und Erika Mohr, die bereits 1972 ihre Bäckerei in der Erbacher Hauptstraße gegründet hatten, das historische Gebäude und eröffneten 1982 das Café Schlossmühle. Seitdem duftet es hier wieder nach frischen und köstlichen Backwaren wie in früheren Zeiten und das Café ist als beliebter Treffpunkt der Erbacher und kulinarische Anlaufstation für Touristen eine feste Institution.

Inzwischen ist Sohn Thomas, wie sein Vater Bäcker und Konditor und zudem Betriebswirt des Handwerks, in den Familienbetrieb eingestiegen. Gemeinsam bieten die Mohrs an sechs Tagen in der Woche eine abwechslungsreiche Palette an wohlschmeckenden Broten, Brötchen, Torten und Kuchen sowie edlen Pralinen.

Zahlreiche Frühstücksangebote laden schon am Morgen zum genussvollen Beginn des Tages ein. Am Mittag steht Herzhaftes, z. B. Salate und Sandwiches, Toasts und Suppen zur Auswahl. Ob eine herzhafte Vesperplatte mit Hausmacher Wurstspezialitäten und Kochkäse aus dem Odenwald, frisch gebackene Waffeln mit Kirschen und Sahne oder opulente Eisbecher: Das Schlossmühlen-Re-

pertoire hält das Richtige für jede Gelegenheit bereit.

Viele Stammkunden kommen nicht nur hierher, um die kredenzten Köstlichkeiten inmitten einer herzlich-familiären Atmosphäre zu genießen, sondern man gönnt

sich auch gern mal eine Auszeit vom Alltag und pflegt in fröhlicher Runde Freundschaften.

Für Festlichkeiten hält Familie Mohr sogar einen Clubraum bereit, der mit seinem gemütlich-eleganten Caféhaus-Ambiente einen schönen Rahmen für private Feiern bietet.

Die täglich wechselnde Auswahl an ideenreichen Brotspezialitäten hält u. a. Schwarzwälder und Sechskorn-Brot, Krusti und Odenwälder Mehlbrot, Schlossmühlen- und Kürbiskern-Brot, Dinkel-Malz-, Finnen- und Schwarzbierbrot, Landmühlenlaib, Sovital- und Walnussbrot sowie herzhafte Gewürzstangen bereit.

Echte Konditor-Kunstwerke sind die einfallsreichen Torten der Mohrs wie die Schlossmühlentorte, eine fruchtige Spezialität des Hauses, die Chefsahne-Torte mit Schokomousse und Ananas, Käse- und Erdbeerkuchen oder der Erbacher Windbeutel, der mit Vanilleeis, Kirschen und Sahne gefüllt wird. Im Herbst zur Weinlese kommt auch mal ein knuspriger Zwiebelkuchen mit einem Glas Wein auf den Tisch.

Zum 20-jährigen Jubiläum 2002 hat die Schlossmühlen-Mannschaft sogar einen 20 Meter langen Zwetschgen-Kuchen gebacken und den Erlös einem guten Zweck zukommen lassen.

Diese Vielfalt an knusprigem Brot und frischen Brötchen, köstlichen Kuchen und feinen Torten hätte sicher auch den Grafen zu Erbach-Erbach vorzüglich gemundet…

HOTEL-RESTAURANT ZENTLINDE

Hotel-Restaurant Zentlinde

Hüttenthaler Straße 37
64756 Mossautal-Güttersbach

Telefon 0 60 62/20 80
Telefax 0 60 62/59 00

Ruhetag: Montag

Erholen – Tagen – Feiern – das ist das Motto des Hotels Zentlinde in Mossautal-Güttersbach. Nun, all das wird dem Gast hier mehr als leicht gemacht. Inmitten üppig grüner Natur mit frischen Wiesen, dunklen Wäldern, blauem Himmel, grasenden Pferden und dösenden Kuhherden kann man Stress, Hektik und die Sorgen des Alltags für eine Weile vergessen und wieder Energie tanken.

Der Name Güttersbach wird übrigens auf den Burgunderkönig Gunther zurückgeführt, denn die wildromantische Region rund um Mossautal ist mit der Sage der Nibelungen

tief verwurzelt und liegt zudem fast unmittelbar an der Siegfriedstraße. Am Lindelbrunnen bei Güttersbach soll Hagen von Tronje Siegfried tödlich verletzt haben und Siegfriedsbrunnen gibt es im Odenwald gleich mehrere.

Seit 1830 ist die stattliche Zentlinde im Besitz der Familie Strein und entwickelte sich mit den Jahren zu einem modernen, komfortablen Hotelkomplex.

Im Herzen des Hessischen Odenwaldes gelegen, spielt diese Region auch die Hauptrolle im kulinarischen Angebot des Hauses.

Im gemütlich-rustikalen Restaurant oder auf der großen Gartenterrasse vor dem Haus werden Odenwälder Spezialitäten ebenso wie klassische internationale Gerichte serviert.

oder Lendchen in Gorgonzolasoße mit Röstinchen. Dazu werden tagesfrische Gemüse oder Salate offeriert.

Am Abend reicht die À-la-Carte-Auswahl der Zentlinde dann von Odenwälder Vespergerichten über deftige Hausmannskost bis zur gutbürgerlichen Küche.

Der Schlemmertoast nach Art des Hauses zeigt sich mit einem feinen Schweinefilet, das Hähnchenbrustfilet wird von einer Mandelkruste ummantelt und die Lachsschnitte bettet sich auf Senfrahmsauce und wird von Butterreis und Salat begleitet.

Wer ein wenig länger in Mossautal verweilen will, dem bietet Familie Strein gemütliche Zimmer und großzügige Ferienwohnungen im Landhausstil. Vom Balkon aus bietet sich ein weiter, freier Blick in den

Odenwälder Rehrücken mit Pfifferlingen und Brotspatzen
Für 4–6 Personen

Zutaten

1,5 kg Rehrücken, pariert,
in 200-g-Portionen,
Wacholderbeeren, Nelke,
250 ml Rotwein,
1 l Gemüsebrühe,
1 EL Johannisbeergelee, rot,
500 g Pfifferlinge,
50 g Butter,
1/2 Zwiebel,
2 Schalotten,
Knoblauch,
Thymian, Rosmarin,
je 100 ml Weißwein und Sahne,
500 g Mehl,
1/8 l Milch,
5 Eier,
je 100 g Weißbrot- und Speckwürfel,
Salz, Pfeffer,
Muskat,
2 cl Cognac

Zubereitung

Pfifferlinge in Butter mit Schalotten und Zwiebeln anbraten, mit Salz, Pfeffer, Knoblauch würzen. Weißwein, Sahne und geh. Kräuter zufügen, etwas einkochen. Mehl, Milch und Eier verrühren, mit der Hand vermengen, bis Teig Luftblasen wirft, angeröstete Weißbrot- und Speckwürfel untermischen, mit Salz, Muskat würzen. Mit einem Teelöffel Nocken in kochendes Salzwasser abstechen, ca. 5 Min. köcheln lassen, dann in Butter schwenken. Rehrücken salzen, pfeffern, scharf anbraten, dann im Ofen bei 180 °C ca. 5 Min. schmoren. Nelke, Wacholderbeeren und Gelee in die Pfanne geben, mit Rotwein und Brühe ablöschen, aufkochen. Binden und durchpassieren. Pfifferlinge hinzugeben, mit Cognac und evtl. Sahne abrunden.

Hartmut Strein kauft viele seiner Produkte, vor allem Kalb, Rind und Wild, direkt in der Umgebung ein und bringt zahlreiche saisonale Spezialitäten je nach Marktangebot tagesaktuell auf den Tisch.

Am Mittag bietet der Küchenchef seinen Gästen eine abwechslungsreiche Mittags-Menü-Karte. Die Suppe und das Dessert des Tages umrahmen sieben verschiedene Auswahlmöglichkeiten von Fisch über Fleisch bis zu vegetarischen Angeboten. Eine Bratwurst ist hier ebenso zu finden wie das klassische Cordon bleu, leichtes Lachsfilet vom Grill, Semmelknödel mit Pfifferlingen

Naturpark Bergstraße-Odenwald. Der Erholung dient auch der umfangreiche Beauty- und Wellnessbereich Oasis. Shiatsu und andere Massagen, Thai Chi und Muskelentspannungsübungen, Farb- und Lichtmeditation sowie die Schönheitsfarm tun das ihre für Körper und Seele. Das Wellness-Angebot mit Hallenbad und Whirlpool, römischem Dampfbad, Stollensauna, Sanarium und Solegrotte, Erlebnisduschen und Solarium rundet das Verwöhnprogramm ab.

MOLKEREI HÜTTENTHAL

Molkerei Hüttenthal
Wilhelm Kohlhage KG

Molkereiweg 1
64756 Mossautal-Hüttenthal

Telefon 0 60 62/26 65 - 0
Telefax 0 60 62/26 65 - 26

Ruhetag: Sonntag

Schon von weitem weisen schwarz und braun gefleckte Kühe auf grünen Wiesen Käseliebhabern aus Nah und Fern den Weg zur Molkerei Hüttenthal. 1912 von Wilhelm Kohlhage erworben, leiten heute Kurt und Britta Kohlhage die kleine Molkerei mit viel Engagement und führen die traditionelle Herstellung hochwertiger, frischer und natürlicher Odenwälder Käsespezialitäten auch in dritter Generation erfolgreich fort. Zweiundzwanzig Höfe der nahen Region liefern täglich frische Kuh- und Ziegenmilch. Die Milch stammt ausschließlich von Kühen des Odenwaldes, und die Tiere haben regelmäßig Weidegang, was der Qualität und vor allem dem Geschmack der Milch sehr zugute kommt. Durch das frische Gras der Weiden steigt der Anteil an ungesättigten Fettsäuren in der Milch, sie schmeckt dadurch besser und ist viel bekömmlicher, Butter wird sogar streichfähiger. Diesen be-

sonderen Geschmack schätzen die vielen Stammkunden, von denen einige sogar aus dem Rhein-Main-Gebiet und weiten Teilen Baden-Württembergs anreisen, um mit gut gefüllten Kühltaschen wieder gen Heimat zu fahren.

Auch die Gastronomie der Region profitiert von den natürlichen Produkten der Molkerei, und auf so mancher Speisekarte werden Sie die leckeren Hüttenthaler Käsespezialitäten wiederfinden.

Aus den etwa 12 000 Litern Kuhmilch und 1000 Litern Ziegenmilch pro Tag macht Kurt Kohlhage, seines Zeichens Diplom-Agraringenieur der Fachrichtung Milch, neben Käse auch köstliche Butter- und Dickmilch, Schlagsahne, Quark – und zweimal die Woche frische, köstlich-rahmige Butter. Ein Teil der Milch wird von den Kunden gleich als Frischmilch abgeholt. Durch die schonende Verarbeitung wird sie

weder homogenisiert noch mit Farb-, Konservierungs-, Binde- oder Aromastoffen versetzt.

Zu den Spezialitäten des Hauses gehören der Odenwälder Frühstückskäse, ein aromatischer, handgeschöpfter Weichkäse, der zirka zwei Wochen reift und währenddessen affirmiert, also verfeinert und mit Rotkultur bestrichen wird.

Diese Käsespezialität ist eine der nur vier Käsesorten in Deutschland, die das A.O.P.-Gütesiegel (Appellation d'Origine Protégé) der EU tragen, die geschützte Ursprungsbezeichnung, die garantiert, dass der Käse in derselben Region verarbeitet wurde, aus der auch die Milch stammt, und nur dann verliehen wird, wenn das Produkt strenge Qualitätskriterien erfüllt.

Für die sympathischen Kohlhages und ihr engagiertes Team ist dies sowieso selbstverständlich. Alle Kuhmilch-Produkte und

auch die köstlichen Ziegenkäse, wie der Weichkäse „Ziegenthaler", der aromatische Kräuterzickli oder der Ziegenfrischkäse, werden nach traditionellen Rezepten in Handarbeit und mit großer Sorgfalt hergestellt.

Um den Bedürfnissen der Kunden entgegenzukommen, werden viele der Käse bereits portioniert und vakuumverpackt, so dass man die Köstlichkeiten auch ruhig etwas lagern kann.

Das Molkereilädchen hält neben den Käse- und Milchprodukten auch Hausmacher Wurst, Eier und Nudeln und – jeden Dienstag – frisches Holzofenbrot sowie selbst gekochte Marmeladen bereit.

Bei einer Molkerei-Führung erfährt der Käsefreund alles Wissenswerte über die Verarbeitung der Milch und die Käseherstellung. Sie endet mit einer Käseverkostung und einem frischen Glas Milch oder Buttermilch.

Kinder dürfen sogar selbst buttern und anschließend die eigene Butter auf knusprigem Bauernbrot verfuttern.

Wer gleich Hunger bekommt, der kann sich vor dem Haus im „Milchgarten" zu einer Brotzeit niederlassen und sich – bisweilen neugierig beäugt von großen, lang bewimperten Kuhaugen – dem puren Genuss der edlen Käse-Leckereien widmen.

LANDHOTEL KÜHLER GRUND

und Volker Arnold mit familiärer Gastfreundschaft geführt wird.

Das Landhotel verleiht vielen Tagungen und Seminaren den passenden Rahmen, denn es bietet moderne Technik zum professionellen Arbeiten sowie eine gehobene frische Küche zum Genießen. Das zieht auch Wanderer, Ausflügler und Kurzurlauber in den Kühlen Grund. Volker Arnold, der nach seinen Lehr- und Wanderjahren in Deutschland und der Schweiz in den elterlichen Betrieb zurückkehrte, erweitert die regionalen Produkte und klassischen Gerichte der deutschen Küche um leichte, kreative Crossover-Variationen, die mal mediterrane, mal asiatische Speisenkompositionen hervorbringen.

Fleisch und Wild wie Reh, Hirsch und Wildschwein liefert die Region Odenwald, die Milch kommt vom nahen Bauernhof. Jeden Tag werden abwechslungsreiche 3-Gang-Menüs offeriert, die – zwischen Suppe und Dessert – die Wahl unter zwölf Hauptgerichten lassen. Ob Fisch, Fleisch oder Vege-

Die Gemeinde Grasellenbach fügt sich idyllisch in den Naturpark Bergstraße-Odenwald ein und lädt mit tiefen, dunklen Wäldern, stillen Wanderwegen und verwunschenen Flecken zur Entdeckungstour. Genau der richtige Ort, um diese Landschaft und ihre Küche zu genießen, ist das Landhotel Kühler Grund in der Gemeinde Scharbach-Tromm.

Der stattliche Hotelbau mit dem hübschen Erker wartet mit einem rustikal-eleganten Landhausambiente mit ebenso gemütlichen wie zeitgemäß-komfortabel gestalteten Gasträumen und Zimmern auf (auch Allergiker-Zimmer vorhanden).

Aus dem ländlichen Gasthof mit Landwirtschaft ist ein anspruchsvolles „Odenwälder Sternehotel" geworden, das von Cornelia

Landhotel Kühler Grund

Trommstraße 5
64689 Grasellenbach/Scharbach-Tromm

Telefon 0 62 07/94 27-0
Telefax 0 62 07/94 27-77

Barbarie-Entenbrust in Cassissauce mit Pommes Williams und Zucchini-Möhrengemüse

Zutaten

4 Barbarie-Entenbrüste,
20 ml Olivenöl,
je 20 ml Holundersaft und Cassis,
50 ml Rotwein,
100 ml Jus de Viande,
250 g heiße passierte Kartoffeln,
1 Eigelb,
Nelke, Muskat, 8 Nelken,
2 Spaghettini,
Fett,
je 200 g Zucchini und Bundmöhren,
20 g Butter,
Salz, Pfeffer,
Rosenpaprika,
Zucker

tarisches – der saisonale Warenkorb findet sich in vielfältigen Schlemmereien wieder. Diese reichen vom Rinderbraten im eigenen Sud gegart mit Eierspätzle, Odenwälder Rehgulasch mit frischen Pilzen und Semmelknödel oder frischer Odenwaldforelle in Mandelbutter gebraten bis zum Seeteufel auf Asiagemüse im Reisrand, Pilzragout, je nach Saison mit Pon Pon Blanc, Austernpilzen, Shitake und Seitlingen, und dem Putengeschnetzelten Thailänder Art mit Ananas und Curry sowie Basmatireis. Die dargebotenen Weine stammen aus den umliegenden Weinregionen Baden, Hessische Bergstraße und Pfalz und werden zum Großteil auch offen angeboten.

Wenn es draußen kalt und im Landhotel Kühler Grund so richtig gemütlich wird, dann veranstaltet Familie Arnold ihre beliebten Raclette-Abende: Nach einem Besuch in der hauseigenen Sauna wird ein köstliches Schweizer Raclette mit einem korrespondierenden Wein serviert – echtes Savoir-vivre im Odenwald!

Zubereitung

Die Haut der Entenbrust in Rauten einschneiden, mit Salz, Pfeffer, Paprika würzen und in Olivenöl ca. 6 Min. knusprig anbraten. Herausnehmen und in Alufolie ruhen lassen. Den Ansatz mit Rotwein ablöschen, mit Holundersaft, Cassis und Jus auffüllen, etwas reduzieren lassen und durch ein feines Sieb passieren. Kartoffeln mit Eigelb, Salz und Muskat vermischen, zu 8 Birnen formen, mit einer Nelke und Spaghettini garnieren. In heißem Fett (170 °C) ca. 2 Min. ausbacken. Gemüse in Schiffchenform tournieren, in kochendem Salzwasser blanchieren. Butter zergehen lassen, Zucker zugeben und Gemüse leicht glacieren. Gemüse und Kartoffeln anrichten, die Entenbrust auf einen Saucenspiegel setzen und ausgarnieren.

HOTEL KREIDACHER HÖHE

**Hotel, Restaurant & Café
Kreidacher Höhe**

Kreidacher Höhe 1
69483 Wald-Michelbach

Telefon 0 62 07/92 22-0
Telefax 0 62 07/92 22-77

Inmitten unberührter Natur residiert das 4-Sterne-Domizil Kreidacher Höhe auf der gleichnamigen Anhöhe unweit der Großgemeinde Wald-Michelbach. Seit 1985 führt der sympathische Gastgeber Karl Metz das renommierte Hotel mit seiner Mutter Herta, die 1960 gemeinsam mit Ehemann Karl den Grundstein für die Erfolgsgeschichte des Hauses mit einem Café und einigen Fremdenzimmern legte. Hier treffen Urlauber, Ausflügler, Geschäftsleute, die zu Tagungen anreisen, und vor allem Feinschmecker, welche die ausgezeichnete gehobene Küche zu schätzen wissen, zusammen. Das komfortable Haus verfügt über ein Frei- und ein Hallenbad, Tennisplatz, Sauna, Dampfbad und Solarium. Die großzügigen Zimmer mit weitem Blick in die wunderschöne Land-

schaft wurden mit viel künstlerischer Kreativität individuell eingerichtet. Schon beim Frühstück sorgt die Metzgerei des Hauses, das einen Umweltpreis für umweltorientierte Betriebsführung erhielt, von Hausmacher Wurst bis zum selbst geräucherten Schinken für Genuss. Mutter Herta, die gute Seele des Hauses, steht der Konditorei vor, in der köstliche Torten und Kuchen für den Nachmittagskaffee entstehen. Die Gasträume zeigen sich elegant bis rustikal und mit viel Liebe zum Detail gestaltet. Hier verwöhnt das aufmerksame Service-Team den Gast mit familiärer Herzlichkeit. Die Speisenauswahl zeigt sich von mediterraner Aromenvielfalt inspiriert, schließlich erwarb Patron Karl Metz seine Küchenkunstfertigkeit in der internationalen Sterne-Gastronomie. Das Hirsch-

Odenwälder Fleckviehlende
im Rauchfleischmantel
mit Karottenschaum
und Blattspinat
im Kohlrabikörbchen

Zutaten

4 Rinderfilets à 200 g,
8 Bauchspeckscheiben, geräuchert,
Sonnenblumenöl,
200 g Blattspinat,
20 g Zwiebelwürfel,
1 Knoblauchzehe,
2 kleine Kohlrabi,
je 1 Karotte, kleine Zwiebel,
Salz, Pfeffer, Zucker,
Muskat,
50 ml Sahne,
Butter

Zubereitung

kalbsrückensteak in Wacholderdemiglace
vereint sich mit Kabinettpfifferlingen, die
gebratene Maishuhnbrust bettet sich auf to-
matisierte Apfel-Oreganosauce, und die Kalbsmedaillons treffen sich mit Morcheln in
Crème double, Siam-Patna-Reis und Schwarz-
wurzeln in brauner Butter. Fischliebhaber
wissen die Steinachforelle in Rieslingsauce,
in Zitronenbutter gebratene Seezunge oder
Steinbutt aus dem Wurzelsud mit Sauce
Mousseline zu schätzen. Zum Abschluss lieber ein Orangenparfait „Gugelhupf" auf
Grand-Marnier-Spiegel mit Orangenfilets oder

Minzbanane auf Vanilleschmelz, Schlagrahm-
häubchen und Schokoladensauce? Das müssen Sie entscheiden. Saisonale und themen-
orientierte Spezialitäten ergänzen die edle
Speisenauswahl um Variationen von Herbst-
kräutern, Edelfisch, Hummer, Austern uvm.
Besonders die Weinkarte lässt Genießeraugen
leuchten, so ist neben badischen, Bergsträßer
und Pfälzer Weinen sowie erstklassigen
Weinen aus der Neuen Welt sogar ein Mou-
ton Rothschild zu entdecken. Die Kreidacher
Höhe ist ein echter Treffpunkt für Feinschmecker und alle, die es werden wollen!

Jedes Rinderfilet mit 2 Speckscheiben
umwickeln, mit Bratgarn fixieren.
Salzen, pfeffern und in heißem Öl
beidseitig gut anbraten, dann im
Backofen bei 80 °C für 45 Min. garen.
Kohlrabi schälen, halbieren, in der
Mitte aushöhlen und salzen. Spinat in
Salzwasser blanchieren, in Butter mit
Zwiebelwürfel, Knoblauch und etwas
Salz, Pfeffer und Muskat anziehen lassen. In die Kohlrabikörbchen füllen. In
eine ausgebutterte feuerfeste Form
setzen und für ca. 30 Min. in den
Ofen geben. Karotte und Zwiebel klein
schneiden. Die Zwiebel mit Butter u.
Zucker in einem flachen Topf glacieren, Karotten und Sahne hinzufügen,
leicht salzen. Ca. 10 Min. köcheln lassen und anschließend mit dem Mixstab pürieren. Gemeinsam dekorativ
anrichten.

RESTAURANT GOLDENER PFLUG

Das Tatar von Thunfisch und Gewürzaprikosen trifft sich mit Langoustinen-Couscous in Ingwermayonnaise, der Kaiserbarsch mit weißer Zwiebelkruste bettet sich auf Olivenöl-Tomatenrisotto in schwarzer Olivensauce und der Lammrücken in Garam Marsala gebraten fühlt sich mit Sauerrahmlinsen in Dunkelbierbutter wohl. Zum Finale vereint der Vanille-Lavendelauflauf sich mit Johannisbeerkompott und schwarzem Johannisbeersorbet.

Hausgemachte Pralinen und Gebäck zum Kaffee runden den Gaumenschmaus formvollendet ab.

Begleitet werden die edlen Gourmandisen von den rund 450 Weinen des Hauses, die Christian Heß mit großer Professionalität zusammenstellt. Mit viel Leidenschaft und Sachverstand sucht er auf der ganzen Welt nach exklusiven Positionen für die heimische Weinkarte und hat sich dabei besonders auf Übersee-Weine konzentriert.

Sämtliche Weine können, einige davon exklusiv, im hauseigenen Weinhandel „Christians Weinwelt" erworben werden.

Wenn Christian Heß zur Weindegustation lädt, reisen Winzer aus aller Welt mit ihren besten Tropfen nach Heiligkreuzsteinach. Dazu kredenzt Joachim Heß ein erlesenes 5-Gang-Menü, das die vorgestellten Weine auch lukullisch adäquat aufgreift.

Die Straße nach Heiligkreuzsteinach führt auf einer schönen Strecke vom Neckar hinauf in die Höhen des Odenwalds. Kulinarisches Ziel ist das Restaurant Goldener Pflug im Ortsteil Eiterbach.

Hier präsentieren die Brüder Joachim und Christian Heß Feinschmeckern eine anspruchsvolle Gourmet-Küche im stilvollen Ambiente eines historischen Hauses mit langer Gastronomiegeschichte. Ihr Großvater schnitzte eigenhändig aus den Bäumen der eigenen Wälder die kunstvollen Tische und Stühle, die noch heute in der Gaststube zu bewundern sind.

Das Restaurant zeigt sich hell, elegant und farbenfroh. Ein passender Rahmen für die innovativen Kreationen von Küchenchef Joachim Heß, der seinen eigenständigen Kochstil so umschreibt: „Alles, was mir Spaß macht, landet auf dem Teller." Und so verschmelzen regionale Erzeugnisse wie Wild, Lamm und Rindfleisch sowie Gemüse, Kräuter und Salat aus dem eigenen Garten mit den Küchen dieser Welt zu einer stimmigen und exotisch-extravaganten Einheit.

Restaurant Goldener Pflug

Ortsstraße 40
69253 Heiligkreuzsteinach-Eiterbach

Telefon 0 62 20/85 09
Telefax 0 62 20/74 80

Ruhetage: Montag und Dienstag

Salat von getrockneten Tomaten, gelben Paprika und süß-saurem Radicchio mit gebratenen Gambas und Bouchot-Muscheln in Safranmarinade

Zutaten

12 rohe Gambas,
Öl,
500 g Bouchot-Muscheln,
4 Strauchtomaten,
Thymian- und Rosmarinzweig,
1 Knoblauchzehe,
2 gelbe Paprika,
1 Radicchio,
Estragonessig,
Olivenöl,
0,2 l Geflügelfond,
Speisestärke,
1 g Safranfäden,
Salz, Zucker,
Gartenkräuter

Wer länger verweilen möchte, dem stehen moderne und gemütlich eingerichtete Zimmer zur Verfügung. Und am nächsten Morgen empfängt Mutter Irmgard Heß ihre Gäste mit einem üppigen Frühstücksbüfett. So sorgt die trotz viel Kritikerlob bodenständig gebliebene Familie Heß mit einer herzlichen wie professionellen Gastfreundschaft dafür, dass der Besuch im Goldenen Pflug zu einem besonderen kulinarischen Erlebnis wird.

Zubereitung

Gambas schälen, entdarmen, Muscheln abkochen und auspulen. Strauchtomaten blanchieren, dann häuten, vierteln und entkernen. Auf ein Backblech setzen und mit Thymian, Rosmarin und zerdrückter Knoblauchzehe im Ofen bei 50 °C für $^1/_4$ Std. trocknen. Paprika im 150 °C heißen Ofen für $^1/_4$ Std. garen, häuten, in Rauten schneiden.
0,1 l Geflügelfond mit 5 cl Estragonessig, 1 EL Zucker und etwas Salz aufkochen. Den in Blätter zerteilten Radicchio zugeben, vom Herd nehmen, 15 Min. ziehen lassen.
Restlichen Fond mit Safran und Estragonessig aufkochen, köcheln lassen, mit Stärke binden und kalt stellen, vor dem Servieren mit Olivenöl aufmixen. Das Ganze nun mit den in Öl angebratenen Gambas und den Muscheln dekorativ anrichten.

HOTEL GASTHOF HIRSCH

Hotel Gasthof Hirsch

Schulstraße 3 – 7
64757 Rothenberg

Telefon 0 62 75 / 91 30 - 0
Telefax 0 62 75 / 91 30 - 16

Ruhetage: Montag und Dienstag

Die Fahrt nach Rothenberg entlang der waldreichen Hirschhorner Höhe zeigt ein sehr verwunschenes Stückchen Odenwald. Die kurvenreiche Strecke entführt Sie in einen Zauberwald, und es würde nicht weiter verwundern, wenn plötzlich eine Grimm'sche Märchenfigur auf die Straße träte.

Kulinarisches Ziel ist der Gasthof Hirsch der Familie Beisel in Rothenbergs Ortsmitte gegenüber der Kirche.

Seit 1993 leiten Angelika und Armin Beisel das Traditionshaus, das auf 150 Jahre Gasthof-Geschichte zurückblickt. Mutter Elisabeth Siefert ist noch immer fester Teil des Teams, und auch die drei Jungs der Beisels helfen kräftig mit.

Der Familienbetrieb, Mitglied der „Odenwald-Sterne-Hotels", bietet moderne, komfortable Zimmer (auch Allergikerzimmer) mit traumhaftem Fernblick.

Der Wellnessbereich umfasst Sauna, Dampfbad, Solarium sowie Massagen und Ayurveda-Behandlungen. Für Sportfans bietet der ausgebildete Nordic-Walking-Guide Armin Beisel Touren in die idyllische Umgebung an.

In Kursen bringt er auch Ungeübten diese spezielle Form des Wanderns näher.

Der Odenwald steht auch im kulinarischen Zentrum des Hirschen, der sich als Mitglied der Initiative „Odenwald-Gasthaus" dazu verpflichtet, ausschließlich Produkte aus der Region lukullisch umzusetzen. Ob Odenwälder Handkäse mit Musik, Vesperplatten mit selbst gebackenem Elisabethenbrot, Bauern- und Wildschweinschinken sowie Hausmacher Wurst, hausgemachte Dinkelspätzle mit Gemüsestreifen und Kräuterzickli überbacken, Odenwälder Kochkäseschnitzel oder feine Rosmarinforelle aus dem Backofen mit Tomaten-Zucchini-Gemüse und nicht zuletzt abwechslungsreiche Wildspezialitäten – Küchenchef Klaus Wendler präsentiert den Odenwald auf eine vielseitige, anspruchsvolle Weise. Dazu passt der selbst gekelterte Apfelwein vorzüglich.

Die aus dem eigenen Obst gewonnenen Edelbrände und Liköre spielen die Hauptrolle im urigen Gewölbe-Weinkeller des Hirschen (Donnerstag bis Sonntag geöffnet), der mit außergewöhnlichen Gaumenfreuden begeistert. Die „verführerische Eva", ein Apfelcremesüppchen mit Lachsforellenstrei-

sersauce und Pistazienbällchen, die „besoffene Teichnixe", mit Wacholdergeist und Apfellauch gedünstetem Saibling, oder die „lustige Bärlauchhexe", die sich als mit Bärlauchkäse überbackenes Rumpsteak mit Meerrettich-Bärlauchgeist-Sauce und Kartoffelhexennetzen entpuppt. Der „süße Kellermeister" oder „Kirschenmichel Vergißmein-nicht" beendet das lukullische Vergnügen. Eine äußerst gelungene Symbiose aus geistigen und irdischen Schlemmereien... Der Weinkeller ist auch Schauplatz für Weinverkostungen mit begleitendem Menü, Jazz-, Zigarren- oder Whisky-Abende und romantische Candle-Light-Dinner am Valentinstag.

Als besondere Attraktion verfügt das Haus über eine „begehbare" Weinkarte, aus der sich der Gast seinen Lieblingswein selbst heraussuchen darf!

fen, Sahnemeerrettichhäubchen und Boskoopapfellikör verweist an den „beschwipsten Hubertus", Tranchen vom Wild (je nach Jagdglück) mit Mirabellen, Mirabellenwas-

Der fidele Gockel

Zutaten

4 Hähnchenbrüste,
1 EL Fett,
Salz, Pfeffer
Für die Zwetschgen-Rotweinsauce:
1/4 l Rotwein,
250 g Zwetschgen,
je 2 cl Zwetschgenlikör und –brand,
4 EL Sahne,
Salz, Pfeffer,
Zucker, Stärke

Zubereitung

Hähnchenbrust salzen, pfeffern und in heißem Fett braten. Vor dem Anrichten in Scheiben schneiden.
Zwetschgen entsteinen und vierteln.
Rotwein erhitzen, Zwetschgen zufügen und leicht köcheln lassen.
Restliche Zutaten zufügen, abschmecken und eventuell mit Stärke leicht abbinden.
Dazu gibt es im Gasthof Hirsch hausgemachte Dinkelspätzle und einen Salatteller.

KULINARISCHES VERGNÜGEN

Eine kulinarische Entdeckungsreise durch Kurpfalz, Kraichgau und Odenwald ist ein wahres Vergnügen, denn hier kommen gleich drei eigenständige Küchenrichtungen zusammen, die historische Gerichte ebenso zulassen wie multikulturelle Aromenvielfalt. Der Odenwald, zum größten Teil Hessen zugehörig, ist die Heimat einer herzhaften hessischen Küche, die mit einer stattlichen Anzahl von typischen Spezialitäten aufwartet: hausgemachtem Hand- und cremigem Kochkäse, dazu einen kräftigen selbst gekelterten Apfelwein, die Fleischwurst kommt frisch aus dem Kessel und nach dem Schlachttag gibt's Hausmacher Wurst vom Presssack bis zur Leberwurst – die

Hessen mögen es gern deftig. Die heimischen Obstsorten werden mit Vorliebe in Hochprozentiges verwandelt. Die grenzüberschreitende Initiative „Odenwälder Edelbrenner" hat sich dem Motto „Edel sei der Brand, bekömmlich und gut" verschrieben. Die Brennmeister pflegen alte Odenwälder Obstbrandkulturen und verwandeln sie in exklusive Brände, die den puren Geschmack der vollreifen Frucht in sich tragen. Von den Odenwälder Lammwochen im Frühling bis zu den Kartoffelwochen im Herbst ist hier immer etwas los. Familienbetriebe mit einer langen Gastronomiegeschichte und individuellem Charme haben sich zu den „Odenwald-Sterne-Hotels" und „Odenwald-Gasthäusern" zusammengeschlossen und der Pflege hiesiger Traditionen gewidmet. Sie präsentieren auf ihren Speisekarten Produkte aus der Region, oft sogar vom Bauernhof

gleich nebenan. Die Wälder sind reich an Dam- und Rotwild. Auf saftig grünen Weiden grasen Kühe vor sich hin, und Wanderschäfer ziehen mit ihren Herden durch die Gegend. Und so verarbeiten die Metzger fast ausschließlich Tiere, die in der Region geboren, aufgewachsen und auch geschlachtet worden sind. Der 3-Länder-Radweg verbindet auf 225 Kilometern von Höchst im Odenwald über Obernburg und Miltenberg am Main bis nach Mosbach und von dort via Erbach und Michelstadt zurück gen Norden beim „grenzenlosen Radeln" viele kulinarische Stationen mit Kunst und Natur. Eberbach stellt jedes Jahr im Frühling den Bärlauch in den Mittelpunkt der „Eberbacher Bärlauchtage" mit über 50 verschiedenen Gerichten und einem riesigen Bärlauchbüfett! Im Herbst schließen sich dann die „Eberbacher Wildtage" genussvoll an. Die

Markt in Schwetzingen

Bergstraße ist besonders bekannt für ihren Spargel. Von Mitte April bis Mitte Juni bieten unzählige Verkaufsstände das edle Stangengemüse feil, Restaurants und Hotels kredenzen Spargelgerichte der Extraklasse von der Spargelsuppe bis zum mehrgängigen Spargel-Gourmet-Menü. Bei einer Fahrt entlang der Badischen Spargelstraße, die in der Spargelhochburg Schwetzingen – im prachtvollen Schlosspark der kurfürstlichen Sommerresidenz wurde übrigens der erste Schwetzinger Spargel angebaut – beginnt, hat man die hügeligen Spargelfelder oft im Blick. Keine geringeren Gaumenfreuden verspricht die badische Küche, die im Gebiet der einstigen Kurpfalz und im Kraichgau zu Hause ist. Zum einen wird die Nähe zu Frankreich lustvoll betont, zum anderen machen sich auf der württembergischen Seite die schwäbischen Einflüsse in Form von Maultaschen, Zwiebelrostbraten, Schupfnudeln und Spätzle bemerkbar. Die Initiative „Schmeck den Süden" verbindet die Gastronomie Ba-

den-Württembergs mit bäuerlichen Betrieben. Die frischen, hochwertigen Produkte aus der Umgebung, deren Herkunft man auf der Speisekarte nachvollziehen kann, werden in einfallsreiche Gerichte umgesetzt, die ihre Heimat auf vielerlei Art präsentieren. Auch der Wein ist optisch fast überall präsent, sanfte bis steile Weinberge ziehen sich die Hügel von der Bergstraße bis zum südlichen Kraichgau hinauf und begleiten auch den Neckar auf seiner Reise zum Rhein. Hier wachsen volle und körperreiche Weine vom Riesling bis zum Spätburgunder. Im Kraichgau, wo Badens und Württembergs Weinanbaugebiete aufeinander treffen, kommen Lemberger, Trollinger, Ruländer, Auxerrois, Gewürztraminer und Schwarzriesling hinzu. Hier geht man, will man einen Wein genießen, in die Besenwirtschaft, um sein „Viertele zu schlotze", wo es in fröhlicher Runde am gemütlichsten ist. Eine Möglichkeit, Land und Leute näher kennen zu lernen, bieten auch die zahlreichen Wein-, Straßen-, Stadt- und

Hoffeste, Kloster- und Burgfestspiele zwischen Bergstraße und Odenwald, Kraichgau und Neckartal. Egal ob Sie sich in der Besenwirtschaft oder beim Eppelwoi niederlassen, ob Sie lieber herzhaft essen oder edel speisen wollen, ob Sie ein Sterne-Restaurant oder einen Landgasthof vorziehen – die zauberhafte Region zwischen Rhein, Main und Neckar wird Sie nie enttäuschen und stets aufs Beste mit ihren Gaben verwöhnen.

Bei Bruchsal im Kraichgau

DER SCHAFHOF AMORBACH

Der Schafhof Amorbach
GmbH & Co. KG
Landhotel und Restaurants

Schafhof 1
63916 Amorbach

Telefon 0 93 73 / 9 73 30
Telefax 0 93 73 / 41 20

Ruhetage:
Abt- und Schäferstube
Montag und Dienstag –
Benediktinerstube
Mittwoch und Donnerstag

Eine historische Kulisse als Heimat eines luxuriösen Anwesens, eingebettet in eine traumhafte Natur, und eine Küche voll lukullischem Esprit – auf dem Schafhof hoch über Amorbach werden Genießerträume wahr.

Unaufdringliche Eleganz, stilvoll vereint mit der Vergangenheit des 1446 erstmals erwähnten Klostergutes der Benediktinerabtei Amorbach, prägt das Haus, das sich unter der Ägide der Familie Ullrich zu einer Oase der Ruhe und des Genusses verwandelt hat. Die elegant frankophile Kochkunst steht im Fokus des Gourmet-Restaurants „Abt- und Schäferstube". Inmitten eines edel-rustikalen Ambientes brilliert die hoch ausgezeichnete Küche mit einem fantasievollen Aromenreigen. Die sautierten Langoustinen zeigen sich mit Basilikumrisotto und rosa Butter, das Steinpilzcremesüppchen hütet zarte Kaninchenmedaillons, während die Tranchen vom Rehrücken mit Walnussbutter gratiniert und Portweinjus auftreten. Desserts wie die Charlotte von Valrhonaschokolade an Pflaumenkompott mit Vanilleparfait und Praline von Haselnüssen beenden die Schlemmereien würdig.

Als Reminiszenz an sein Wappentier bietet das Haus ideenreiche Lammkreationen sowie ein täglich wechselndes 6-Gang-Menü, das immer ein Lamm-Gericht einschließt. Die 200 Schafe des Schafhofes, betreut von zwei Schäfern, weiden stets vor den Augen der Gäste auf den grünen Hängen unterhalb des Geländes.

Die schöne Benediktinerstube mit dem im-

Gefülltes Lammkarree mit gefüllter Zucchiniblüte

Zutaten

Für das Lammkarree: 2 Lammkarrees,
2 Lammfilets, 50 g Spinat, 1 Knoblauchzehe, je 1 Zweig Rosmarin,
Petersilie, Thymian, 100 g Butter,
1 EL Olivenöl, Salz, Pfeffer,
2 EL Weißbrotbrösel
Für die Sauce: 20 cl Lammfond mit
1 TL Kräuterbutter versetzen.
Je 1 EL Rotwein und Pfeilwurzmehl
verrühren, Sauce damit abbinden.
Für die gefüllten Zucchiniblüten:
4 Zucchiniblüten ohne Stiel/Stempel,
Olivenöl, je 1 Schalotte, Paprika, Toma-
te, Zucchini, Aubergine, 2 Knoblauchzehen, gewürfelt, 1 Zweig Basilikum,
120 g Maisgrieß, 240 g Geflügelbrühe,
50 g Peccorino, Salz, Pfeffer

posanten, von zwei Mönchen getragenen
offenen Kamin bietet mediterran verspielte,
regional orientierte Gerichte, von Lamm-
hüfte auf Schmorgemüse und Thymianjus
bis zum Kalbsschwanz in Nebbiolo und
Kräutern geschmort.

Bacchischen Genuss versprechen die hochwertigen heimischen sowie französischen,
italienischen und spanischen Weine des
Hauses.

Zur Ruhe begibt man sich in romantisch
gestalteten Zimmern und Suiten, die sich
der Historie nicht verschließen und zugleich
modernsten Komfort bieten.

Um am nächsten Morgen zeigt das üppige
Frühstücksbüfett mit Honig von eigenen
Bienen und hausgemachten Konfitüren

schon wieder eine neue kulinarische Seite
des Schafhofs.

Und anschließend? Ob Tennis und Bogen-
schießen, Baden im Naturteich, Wander-
touren in die Umgebung oder Relaxen im
kleinen, feinen Vital- und Beauty-Bereich –
Möglichkeiten zur Entspannung gibt es
viele.

Im Schafhof wird der Genuss eben nicht
dem Zufall überlassen. Eine Welt der Sinne
erschließt sich dem Gast, sobald er den
schmalen, gewundenen Weg hinauf zur
Schafhof-Idylle einschlägt – und der Alltag
bleibt zurück ...

Zubereitung

Lammfilet mit blanchierten Spinatblät-
tern umwickeln. Eine Tasche in das Karree schneiden und das Filet einfügen.
Mit Salz, Pfeffer würzen, anbraten, für
ca. 10–14 Min. bei 170 °C in den Ofen
geben. Warm stellen. Aus Knoblauch,
Kräutern und Butter eine Kräuterbutter
herstellen. Karree mit Bröseln bestreu-
en, Kräuterbutter aufstreichen, erneut
mit Bröseln bestreuen und das Ganze
nun unter dem Grill überbacken.

HOFGARTEN-MARKT

Hofgarten-Markt

Debonstraße 3
63916 Amorbach

Telefon 0 93 73/551
Telefax 0 93 73/10 04

$\mathcal{D}$er Hofgarten-Markt in Amorbach erinnert in vielen wichtigen Details an den weitgehend aus dem modernen Alltag verdrängten Tante-Emma-Laden aus der guten alten Zeit. Inhaber Hartmut Leuner kennt die meisten seiner Kunden mit Namen, erfüllt mit großem Engagement ihre Wünsche und bietet einen herzlichen, kundenorientierten Service, den es in großen Supermärkten so nicht gibt.

Seit 30 Jahren betreibt der sympathische Kaufmann nun schon den Hofgarten-Markt im Herzen Amorbachs unweit der barocken Abteikirche. Das Ladengeschäft ist dabei gewachsen, ebenso wie das Sortiment. Was

nicht vorrätig ist, besorgt Hartmut Leuner gern für seine Kunden, stets darum bemüht, auch Sonderwünsche erfüllen zu können beziehungsweise all jene Dinge, wie zum Beispiel Wolle und Kurzwaren, anzubieten, die man in Amorbach sonst nicht mehr bekommen kann.

Die eigene Metzgerei sorgt für herzhafte Fleisch- und Wurstspezialitäten und ist besonders für die Hausmacher und die Kartoffelwurst bekannt. Die Qualität steht dabei an erster Stelle: Nur Tiere der unmittelbaren Region werden von den beiden Metzgermeistern des Marktes verarbeitet.

Auch der kräftige Kochkäse, eigentlich eine

hessische Spezialität, doch die Grenze ist ja nicht weit, stammt aus eigener Herstellung. Jeden Freitag fährt Hartmut Leuner in der Früh auf den Großmarkt nach Frankfurt, um seinen Kunden bei Ladenöffnung um 8.15 Uhr ein noch umfangreicheres Sortiment an Obst, Gemüse und Salat bieten zu können als sonst. Und manch einen Sonntag verbringt er in der Pfalz, um dort die leckeren Kartoffeln zu kaufen, die seine Kunden so mögen.

Neben eigenen Backwaren beliefern auch die vier Bäcker des Ortes den Markt. Und Käse und Frischfisch fehlen ebenfalls nicht im Angebot.

Der Hofgarten-Markt verfügt über eine sehr gut sortierte Auswahl an Frankenweinen, ergänzt von Weinen aus anderen bedeutenden deutschen Anbaugebieten und einem internationalen Angebot.

Teeliebhabern steht eine sehr umfangreiches Sortiment an losen, aromatischen Sorten aus allen Teegebieten dieser Erde zur Verfügung. Ob aus Ceylon, China oder Nepal und Japan, ob Darjeeling, Grün- und Kräutertee, Assam oder Ostfriesen-Broken, ob Roibuschtee, aromatisierter Schwarz- oder Früchtetee – für jeden Geschmack ist garantiert etwas dabei und die Kunden freuen sich über dieses

große und in der Region nur selten anzutreffende Angebot.

Das besondere Hobby von Hartmut Leuner hat sich zu einem exklusiven Highlight des Hofgarten-Marktes entwickelt und ihn auch über die Grenzen des Odenwalds hinaus bekannt gemacht: Über 300 Whiskys aus aller Welt, vor allem schottische Single Malts aus den Highlands – rauchige Kostbarkeiten, die bereits einige Jahre Reifezeit hinter sich haben –, umfasst die exzellente Whisky-Abteilung. Aus anfänglichem Interesse für den edlen Branntwein hat sich eine wahre Sammlerleidenschaft entwickelt. Und so kann der Liebhaber der goldfarbenen Köst-

lichkeit so manch seltene Sorte entdecken. Viele Whisky-Kenner kommen regelmäßig von weither nach Amorbach, doch Hartmut Leuner versendet seine edlen Tropfen, ebenso wie seine Hausmacher Wurstspezialitäten, auch gerne deutschlandweit.

Der Dienst am Kunden beinhaltet auch einen Einkaufsservice: Innerhalb von fünf Kilometern bringt das Hofgarten-Team die Bestellung auch zu den Kunden nach Hause. Gerade dieser persönliche Einsatz, der sich übrigens nicht im Preis niederschlägt, macht den besonderen Charme des Hofgarten-Markts aus.

Wie schön, dass es in dieser schnelllebigen und hektischen Zeit noch so eine kleine Oase gibt, in der Service und persönliche Beratung das Einkaufen noch zu einem echten Erlebnis machen.

GASTHAUS ZUM ENGEL

Gasthaus Zum Engel

Holunderstraße 7
74722 Buchen-Hollerbach

Telefon 0 62 81/89 46

Ruhetage: Dienstag und Mittwoch

Als „Refugium wilder Freiheit" bezeichneten die Künstler der Jahrhundertwende das Dorfleben im idyllischen Odenwald. Hollerbach und sein Dorfgasthaus Zum Engel war so ein Rückzugspunkt. Hier trafen sich der Maler Franz Wallischek und der Kunstgewerbeschüler Arthur Grimm – andere Künstler erweiterten ihren Kreis und es entstanden eine Reihe von Kunstwerken im Stil der Landschaftsmalerei. So manches Bild diente der Bezahlung der köstlichen Speisen, die man ihnen im Engel servierte, und hier sind sie noch heute eine lebendige Erinnerung an diese kreative Zeit. Das edel-rustikale Ambiente bewahrt mit frei gelegtem Fachwerk die Historie und betont sie mit dezent gesetzten Accessoires. Hier „malt" Küchenchef Siegfried Grimm heute mit seiner anspruchsvollen Küche allabendlich lukullische Kunstwerke (an Sonn- u. Feiertagen auch mittags geöffnet). Nach langjähriger Tätigkeit in der Spitzengastronomie – dem Landhaus Scherrer und „Le Canard" in Hamburg sowie den Schweizer Stuben in Wertheim-Bettingen – machte er

sich hier in Hollerbach einen Namen mit seiner eigenständigen, innovativen Kochkunst. Er selbst bezeichnet sich als Europäer und so will er auch seine Küche verstanden wissen: grenzenlos, multikulturell, ohne feste Stilvorgaben.

Besonders die österreichische und die mediterrane Küche haben es ihm angetan. Gemeinsam mit heimischen Spezialitäten, z. B. Wild und Grünkern, entsteht so eine harmonische und aromenreiche Länder-Symbiose, die sich in anspruchvollen Menüs und einer kleinen, feinen À-la-Carte-Auswahl wiederfindet. Dazu werden klassische deutsche Weißweine, die ihre Herkunft, etwa Franken oder Baden, nicht verleugnen, sowie Rotweine aus Spanien, Portugal, Italien und Frankreich kredenzt. Ehefrau Joaquina Grimm begeistert mit ihrem portugiesischen Charme die Gäste und verbreitet eine herzliche Gastfreundschaft als perfekte Ergänzung der Gourmandisen aus Küche und Keller.

Der Grünkernstrudel vereint sich mit Garnelen und weißer Trüffelsauce, die herbstliche Kürbiscremesuppe wartet mit Maultaschen

70

Rehrücken im Serranoschinkenmantel in Grüner Pfeffersauce mit Pfifferlingen

Zutaten

4 Stücke Rehrücken à 70 g,
30 g Butter,
4 Scheiben Serranoschinken,
1 EL Öl,
Salz, Pfeffer,
1 Schalotte,
10 weiße Pfefferkörner,
15 grüne, eingelegte Pfefferkörner,
2 cl Cognac,
2 EL Crème double,
1 EL Schlagsahne,
200 g Pfifferlinge,
2 Schalotten,
Blattpetersilie,
1/2 Becher Sahne

Zubereitung

und Bündnerfleischstreifen auf, die geschmorte Lammschulter trifft sich mit Austernpilzen auf Rahmwirsing zu Tagliatelle, und kross gebratene Brust und Keule von der Landente haben roten Kürbis, Semmelknödel und Pfefferrahmsauce zur Seite. Zum Abschluss verwöhnen Wiener Eismarillenknödel auf Himbeersoßenspiegel mit

Früchten oder Schokoladenflan mit Pralinensauce auf Zwetschgenröster und Walnusseis.
Kunst und Genuss, ein harmonisches Paar, das sich im Restaurant Zum Engel auf vielfältige Weise vereint.

Jedes der Rehrückenstücke in 1 Serranoschinkenscheibe wickeln, in einer Mischung aus 20 g Butter und Öl rosa braten. Herausnehmen, würzen und zwischen 2 heißen Suppentellern warm halten. Bratfett abgießen, 10 g Butter in die Pfanne geben, gewürfelte Schalotte mit den Pfefferkörnern darin andünsten. Mit Cognac ablöschen und einkochen. Crème double zugeben, leicht einkochen und zum Schluss die Schlagsahne einziehen und abschmecken. Pfifferlinge mit Schalotten in Butter anbraten. Die Sahne zufügen und sämig einkochen lassen. Würzen und mit gehackter Petersilie bestreuen. Rehrückenscheiben mit der Sauce umgießen. Pfifferlinge über das Fleisch geben. Dazu serviert Siegfried Grimm Kohlrabigemüse und einen hausgemachten Bauländer Grünkernstrudel.

HEIDERSBACHER MÜHLE

Heidersbacher Mühle

74838 Limbach-Heidersbach

Telefon 0 62 93/368
Telefax 0 62 93/82 13

Ruhetage: Montag und Dienstag

Der Weg ist das Ziel. Das trifft im Besonderen auf die Fahrt zur idyllisch gelegenen Heidersbacher Mühle zu. Von Limbach-Heidersbach aus führt eine schmale Straße (gut ausgeschildert) tief in den Wald zu der romantischen einstigen Mahl-, Säge- und Ölmühle aus dem 18. Jahrhundert.

Der sympathische Gastgeber der Mühle, Ralf Felzmann, dessen Großvater 1946 das weitläufige Anwesen von der Gemeinde Limbach erwarb, ist mit Leib und Seele Gastronom und hat hier ein gelungenes Gesamtkonzept etabliert, das Historie und Zeitgeist geschickt miteinander verknüpft. Mit viel Engagement, Weitblick und einem klaren Gespür für die Bedürfnisse seiner Gäste weiß er Tradition und Moderne genussvoll zu vereinen. Gerichte wie saure Kutteln mit gebratenen Kartoffelwürfeln, paniertes Kalbsschnitzel mit Oma Elses Kartoffelsalat oder die Krautwickel von der Odenwälder Wildsau mit böhmischen Serviettenknödel gehen auf seine aus Mähren stammende Großmutter zurück. Doch die leichte, mediterran verspielte Kochkunst beherrscht die Mühlen-Küche ebenso souverän. Bärlauch-Ricottamousse, Lammkraftbrühe mit Spinatmaultäschle oder Kotelett vom Seeteufel mit Rieslingkraut und Peterlekartoffeln demonstrieren die gelungene Einheit aus den hochwertigen Produkten dieser Region, die nach Möglichkeit aus dem kontrollierten Anbau stammen, alten

Gebratenes Lachsforellenfilet mit Grünkernröllchen und sautierten Pfifferlingen

Zutaten

800 – 1000 g Lachsforellenfilet,
200 g Grünkern,
12 Reisblätter, Durchmesser 12 cm,
200 g Pfifferlinge, geputzt,
1 Zwiebel,
Petersilie, Dill,
Mehl,
Salz, Pfeffer
Für die Gemüsefüllung:
2 Karotten,
1 Lauchstange,
100 g Kaiserschoten,
Olivenöl,
2 EL Crème fraîche

Zubereitung

Grünkern in kaltem Wasser einweichen. Für die Füllung Gemüse klein schneiden und in etwas Olivenöl anschwitzen. Den Grünkern dazugeben. Mit Salz, Pfeffer, Crème fraîche und gehackten Kräutern abrunden.
Die Reisblätter in kaltem Wasser einweichen, herausnehmen und auf ein Tuch legen. Die Füllung darauf geben und halb einrollen, die Seiten einklappen und dann ganz einrollen.
In heißem Olivenöl anbraten. Die restliche Füllung für die Garnierung warm halten.
Die Lachsforellenfilets salzen und in Mehl wenden, dann in heißem Olivenöl beidseitig anbraten. Die Pfifferlinge ebenfalls in etwas Öl andünsten, Zwiebelwürfel und gehackte Kräuter dazugeben. Gemeinsam dekorativ anrichten.

Rezepten und der fantasievollen Variation im modernen Gewand. So wird die Forelle aus dem direkt am Haus vorbeifließenden Elzbach mal klassisch blau im süß-sauren Sud mit Sahnemeerrettich, mal mit frischen Kräutern gebraten und mal frisch aus dem Räucherofen mit Speckrösti und Kaviarsauerrahm serviert. Dazu kredenzt der gelernte Koch und Hotelkaufmann Ralf Felzmann mit herzlichem Charme seine zum Großteil aus der Pfalz und Baden stammenden Weine und zum Abschluss einen leckeren Edelbrand von renommierten Brennereien der Region.
Regelmäßig wird die Mühle zum Schauplatz einfallsreicher Events: Wenn „die Mühle rockt" spielen trendige Live-Bands auf, und auch beim traditionellen Mühlenfest mit Live-Musik, einer Seebar und vielen kulinarischen Highlights oder bei sommerlichen Grillabenden sind Spaß und Genuss garantiert. Die Heidersbacher Mühle ist zu jeder Gelegenheit einen Besuch wert. Denn die urgemütlichen Gaststuben, die den Charme der Vergangenheit bewusst bewahren, die große Terrasse und der weitläufige Garten mit dem klappernden Mühlrad – harmonisch umrahmt vom Elzbach und den tiefgrünen Wäldern des Elztals – sind die perfekte Symbiose aus Genuss und purer Odenwaldromantik.

LANDGASTHOF HIRSCH & FRANK'S VOLLWERT PARTY-SERVICE

**Landgasthof Hirsch &
Frank's Vollwert Party-Service**

Martin-Luther-Straße 4
69429 Waldbrunn-Schollbrunn

Telefon 0 62 74 / 9 51 80
Telefax 0 62 74 / 9 51 81

Gasthof nur sonntags und
für Feierlichkeiten geöffnet

Wer nach Schollbronn im Odenwald reist, der weiß um das ganz besondere Angebot, das ihn hier erwartet. Der historische Gasthof Hirsch und Frank's Vollwert Party-Service, unter der Leitung von Koch, Hotelkaufmann und Betriebswirt Frank Nuscheler, markieren als wirkliche Ausnahmeerscheinung in der Gastronomie-Szene des Landes ein Highlight auf dieser kulinarischen Entdeckungsreise. Frank Nuscheler geht einen Weg abseits des Mainstream. Er bietet eine anspruchsvolle Küche, die dadurch Aufsehen erregt, dass sie Produkte verwendet, die zu etwa 80 Prozent aus dem kontrolliert biologischen Anbau stammen. Jeden Sonntag ab elf Uhr lädt der Landgasthof zum genussvollen Brunch, der mit optisch wie kulinarisch perfekt inszenierten Köstlichkeiten aufwartet. Regionale Produkte und Aromen aus aller Welt werden in ideenreiche Salate, Suppen und Fingerfood, zwei warme Hauptgerichte, eines davon vegetarisch, sowie Desserts verwandelt; begleitet von einem kulturellen Rahmenprogramm, das von Jazz und Klassik bis zum Platzkonzert und vom Wildkräuterspaziergang bis zur Vernissage und Lesung reicht. Ein Wanderschäfer aus dem Odenwald liefert zartes Lammfleisch, Schwein und Rind kommen von dem Waldbrunner Metzger Neureuter, der seine Tiere ausschließlich von nahen Bauern kauft, selbst schlachtet und typisch regionale und wohl schmeckende Wurst- und Fleischwaren daraus herstellt. Obst und Gemüse bezieht Nuscheler von einem Demeter-Hof und einem Bio-Großhändler.

„Wraps" mit Forellenmousse und Gemüsefüllung

Zutaten

Für den Teig:
80 g Vollkornweizenmehl,
20 g Buchweizenmehl,
300 ml Milch,
2 Eier,
1 Prise Meersalz,
40 g Kokosfett

Für die Mousse:
400 g Forellenfilet, geräuchert,
50 g Sahne,
250 g Crème fraîche oder Frischkäse,
1 Prise Kräutersalz,
etwas Meerrettichsenf

Für die Einlage:
200 g Gurken,
200 g Eisbergsalat,
50 g Frühlingszwiebeln,
100 g Karotten oder Räucherlachs

Zubereitung

Wer im Landgasthof Hirsch feiern möchte, dem steht die gemütliche Holzofenstube, der Kastaniengarten sowie der große Saal zur Verfügung, welcher vor allem Hochzeiten einen festlich-romantischen Rahmen verleiht. Wer möchte, kann sich sogar in der benachbarten Dorfkirche aus dem 14. Jahrhundert trauen lassen.

Auch wer den Vollwert Party-Service (im Raum Stuttgart – Heidelberg – Frankfurt) in Anspruch nimmt, schätzt die Frische, hohe Qualität und den unverfälschten Geschmack von Bio-Lebensmitteln. Sogar Wein, Bier und Säfte sind von Bio-Qualität. Frank Nuscheler legt großen Wert auf eine umfassende Beratung seiner Gäste. Je nach Wunsch serviert er den klassischen Sonntagsbraten ebenso gekonnt wie exotische kalt-warme Büfetts oder anspruchsvolle Gourmet-Menüs, die sich mal im euro-asiatischen oder orientalischen, mal im mediterranen oder regionalen Gewand zeigen. Mit dem Landgasthof Hirsch und seinem außergewöhnlichen Party-Service hat Frank Nuscheler ein nachahmenswertes Konzept geschaffen, das dem anspruchsvollen und bewusst genießenden Feinschmecker ein perfekt inszeniertes kulinarisches Erlebnis beschert.

Teig aus allen Zutaten anrühren, 20 Min. quellen lassen. In der Gusseisen- oder Kippbratenpfanne in Kokosfett dünne Crêpes backen. Forelle mit allen Zutaten im Mixer pürieren (bei Gräten nochmals durch ein Sieb passieren). Gurken und Karotten zu rechteckigen, ca. 0,5 cm dicken Stäbchen schneiden. Karotten weich dämpfen bzw. Lachs in dünne Scheiben schneiden.
Salat in Streifen schneiden, das Grün der Frühlingszwiebel dämpfen. Klarsichtfolie auf eine Sushi-Matte (oder die Arbeitsplatte) legen, Crêpe darauf legen, Mousse ca. 0,3 cm dick darauf verteilen.
Einlage auf der Mousse anordnen. Crêpe mithilfe der Matte zu einem Wrap zusammenrollen und etwas andrücken, Enden der Folie zuzwirbeln. 1 Std. kühl stellen.

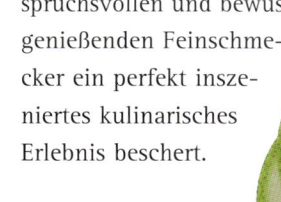

GASTHAUS ROSE

Das Gasthaus Rose ist ein echtes Dorfgasthaus mit einer über 100-jährigen Gastronomiegeschichte. Auch wenn das Haus
äußerlich ein wenig unscheinbar erscheint –
sobald man das Restaurant betritt, ist man
an einem gastfreundlichen und genussvollen Ort angekommen.
Gustav Kessler führt die Rose, die sein Ur-
großvater Gustav Of 1892 eröffnete, in nunmehr 4. Generation. Ohne diese Tradition zu
verleugnen, bietet er eine zeitgemäße gutbürgerliche Küche, die vom Wurstsalat über
das Rumpsteak bis zum 5-Gang-Menü jeden
Wunsch mit Anspruch und Qualität zu erfüllen vermag. Seine Familie unterstützt den
engagierten Gastronomen und sorgt für eine
herzliche Atmosphäre und ein echtes Wohl-

fühl-Ambiente. Gustav Kessler bereitet die
Gaben seiner Heimat ebenso klassisch wie
innovativ auf. So sind der Wildschwein-,
Hirsch- und Rehbraten mit Preiselbeerbirne
und hausgemachten Spätzle ebenso zu finden wie Gemüsestrudel auf Kräuterrahmeis
oder Rumpsteak an mexikanischer Gemüse-
sauce. Unverzichtbar sind regionale Klassi-
ker wie eingelegter Sauerbraten oder Ochsenfetze mit Zwiebeln und Knoblauch, das
sind gebratene Rinderrückenstreifen, die mit
herzhaften Bratkartoffeln serviert werden.
Als gelernter Metzger weiß der Küchenchef
um die Qualität seiner Grundprodukte, die
er nach Möglichkeit direkt in der Umgebung
bezieht. Was die hauseigene Schweinezucht
nicht abdeckt, liefert die Metzgerei des Or-

Gasthaus Rose

Mosbacher Straße 5
69429 Waldbrunn-Weisbach

Telefon 0 62 74/360
Telefax 0 62 74/92 77 66

Ruhetag: Mittwoch

Ochsenfetze in Rotweinsauce

Zutaten

ca. 1 kg Rinderrücken, gut abgehangen,
4 kleine Zwiebeln,
8 Knoblauchzehen,
4 EL Sojasauce,
8 EL Öl,
1 TL Kräuter der Provence,
Salz, Pfeffer,
je 0,4 l Rotwein und Fleischbrühe
Für die Garnierung:
Schnittlauch,
1 TL rote Pfefferbeeren

Zubereitung

tes zu. Je nach Jahreszeit ergänzen Fisch, Spargel, Pfifferlinge und andere saisonale Schmankerln das Angebot.

Für jene, die auf einen Wein oder ein kühles Bier vorbeikommen – die offerierten Weine aus Baden und der Pfalz sind sämtlich offen zu bekommen – hält Gustav Kessler eine Vesperkarte mit Hausmacher Wurstspezialitäten aus eigener Schlachtung, den Odenwälder Bauernteller, Wurstsalat und Toasts bereit.

Das Gasthaus Rose ist – nicht nur geografisch betrachtet – der gesellschaftliche Mittelpunkt Weisbachs. Im Festsaal, den Gustav Kessler mit harmonischen Farben und indirekten Lichtquellen stilvoll ausgestaltet hat, finden häufig zünftige Familienfeste statt. Dann zeigt der Chef des Hauses die ganze Bandbreite seines Könnens, das er auf der renommierten Bühler Höhe erlernte, und offeriert einfallsreiche Menüs mit Köstlichkeiten wie Törtchen von Räucherforellenmousse, Garnelentatar auf Zitronengras an Spargelgemüse, Lammfilet im Strudelteig auf Ratatouillegemüse mit Thymiankartoffeln, Maispoulardenbrust mit Morchelfarce gefüllt und zum Abschluss gebackene Erdbeereisknödel auf Rahmjoghurt oder Portwein-Orangen-Zabaione im Glas.

Rinderrücken in Streifen schneiden. Zwiebeln und Knoblauch schälen, ebenfalls in Streifen schneiden. Das Fleisch mit Zwiebeln und Knoblauch sowie den Kräutern in eine Schüssel geben, gut mischen, Öl zugeben und das Ganze mindestens 15 Min. marinieren.

In einer heißen Pfanne die Ochsenfetze kurz und scharf anbraten und mit Sojasauce und Rotwein ablöschen. Mit Pfeffer abschmecken, Brühe dazugeben und einmal aufkochen lassen, evtl. nachsalzen.

Die Ochsenfetze mit Schnittlauch und roten Pfefferbeeren ausgarnieren. Dazu serviert man im Gasthaus Zur Rose knusprige Bratkartoffeln.

PANORAMAHOTEL TURMSCHENKE

Panoramahotel, Restaurant & Café Turmschenke

Katzenbuckelstraße 28
69429 Waldbrunn-Waldkatzenbach

Telefon 0 62 74/383
Telefax 0 62 74/51 83

Ruhetag: Dienstag

Das Panoramahotel Turmschenke trägt seinen Namen zu Recht, denn hier oben auf dem Katzenbuckel, einem erloschenen Vulkan, bietet sich ein wirklich wunderbarer Blick in den Naturpark Neckartal-Odenwald mit seinen sanften, waldreichen Hügeln. In dieser Idylle leiten Bernd und Ulrike Geier das Traditionshaus, das im Jahre 2004 sein 50-jähriges Jubiläum feiert, mit herzlicher Gastfreundschaft. Als sie das Haus vor 25 Jahren übernahmen, etablierten sie eine ge-hobene badische Küche, die sich mit ihrer Heimat tief verwurzelt fühlt und der zeitge-mäßen Variation klassischer Gerichte ver-schrieben hat. Besonders die Aktion

„Schmeck den Süden", die Gastronomen und Erzeuger zum Wohle einer regional verankerten fantasievollen Küche vereint, verdeutlicht, wie genussvoll man den Odenwald erleben kann, und verweist auf die Herkunft der verwendeten Zutaten.

So stammt das Wild, eine Spezialität des Hauses, die in vielerlei Gestalt auf den Teller kommt, ausschließlich aus dem Katzenbuckelrevier vor der Haustür. Eine herzhafte Delikatesse ist das „Odenwälder Jagdrecht", Wildinnereien mit Senfsoße und Spätzle. Als feine Variation kommt das Wildschweingulasch in Kirschrahm daher, und auch der Wildschweinbraten in Walnussrotweinsauce mit Rotkohl und Knödel lässt Genießerherzen höher schlagen.

Die fantasievollen Fischkreationen, wie das gebratene Filet vom Odenwälder Bachsaibling mit Zitronenmelissenbutter auf Gemüsenudeln, und die einfallsreichen vegetarischen Gerichte von Odenwälder Grünkernküchlein auf Blattsalaten und Knoblauchsauce über Käsespätzle mit Röstzwiebeln bis Fettucini

in Gorgonzola-Blattspinatsauce versprühen viel kulinarischen Charme.

Die gemütliche Gaststube, die sonnige Terrasse und vor allem das rundum verglaste Terrassenzimmer schenken zu den feinen Genüssen aus der Küche eine wunderbare Aussicht gratis dazu. Am Nachmittag verlocken hausgemachter Apfelstrudel mit Zimtsauce und frisch gebackener Käsekuchen. Wer nun Lust bekommen hat, die schöne Landschaft und die verheißungsvollen Köstlichkeiten ausgiebig zu genießen, dem sei eine der interessanten Wochen-Pauschalen ans Herz gelegt. Genächtigt wird in gemütlich eingerichteten Zimmern mit herrlichem Ausblick. Und unter dem Motto „Kunst-Kultur-Naturbegegnung", „Wild, Jagd und Wald" oder „Schlummern und Schlemmen auf dem Vulkan" vereinen sich die kulinarischen Genüsse mit den Reizen des Katzenbuckels, zum Beispiel bei einem 4-Gang-Wildmenü, einer Flasche „Vulkanwein" oder einer Wanderungen mit dem Chef des Hauses durch die romantische Umgebung.

Saiblingsfilet auf Gemüsenudeln mit Zitronenmelissenbutter

Zutaten

2 Bachsaiblinge à 500 g,
Mehl,
320 g Nudeln,
2 Karotten,
1/2 Lauchstange,
40 g Sellerie,
300 g Butter,
Saft 1 Limone,
2 Sträuße Zitronenmelisse
Für den Nudelteig:
750 g Mehl,
2 Eier,
Salz, Muskat

Zubereitung

Aus Mehl, Eiern, Salz und Muskat einen Teig kneten, zwischen zwei Teller legen und für drei Stunden kalt stellen. Teig insgesamt sechsmal durch die Nudelmaschine drehen und dann mit der Maschine in 7 mm breite Nudeln schneiden. In Salzwasser bissfest kochen.

Karotten, Lauch und Sellerie in feine Streifen schneiden, in 100 g Butter anschwitzen. Anschließend Nudeln unterziehen.

Salz, Limonensaft und Zitronenmelisse mit 200 g Butter schaumig mixen. Saiblinge filetieren. Filets salzen und mehlieren und auf beiden Seiten ca. 2 Min. braten. Dann mit den Gemüsenudeln anrichten und Butter mit einem Spritzbeutel auf dem Saibling drapieren.

METZGEREI SAUERESSIG

Metzgerei Saueressig

Hauptstraße 74
74931 Lobbach-Waldwimmersbach

Telefon 0 62 26/4 14 19
Telefax 0 62 26/97 10 12

Ruhetag: Dienstagnachmittag

Eine Metzgerei auf dem Lande – umgeben von saftigen Wiesen und Weiden, auf denen Tiere artgerecht aufgezogen werden können –, das bürgt für Qualität und Geschmack und dafür garantiert auch die traditionsreiche Metzgerei Saueressig in Waldwimmersbach. Metzgermeister Andreas Saueressig lenkt heute die Geschicke des Familienbetriebes, der von seinem Großvater gegründet und von seinem Vater erfolgreich weitergeführt wurde.

Alles über Wurstherstellung zu wissen, war dem ambitionierten Odenwälder zu wenig, daher hängte er nach der Meisterprüfung im Metzgerhandwerk noch die Ausbildung zum Lebensmitteltechniker an. Das Wissen um Zusammenhänge der Lebensmittelherstellung und ein stets waches Engagement leiten Andreas Saueressig auch heute noch. Gern experimentiert er mit Kräutern und exotischen Aromen, immer auf der Suche nach einer neuen Geschmacksnote, die er seinen Kunden anbieten kann. So entstand die Chili-Käse-Curry-Bratwurst, die Schinken-Käse-Wurst, die kleinen, aber sehr feurigen Chiliwürstchen, die Kartoffel-Blutwurst und der hier zwar nicht heimische, aber dennoch sehr beliebte Pfälzer Saumagen. Auch regionale und klassische Spezialitäten wie Fleischwurst und Schwartenmagen,

genem Getreide füttert, die Schweine kommen aus dem nahen Guttenbach und die Lämmer liefert ein Wanderschäfer, der mit den Tieren durch den Odenwald zieht.

Dieses zarte, würzige Lammfleisch hat sich bei den Kunden einen festen kulinarischen Platz erobert. Ob Lammsalami, -krakauer oder -bratwurst, die vielfältigen Lammkreationen der Saueressigs sind zum echten Renner geworden.

Ebenso wie der Bärlauch, der in zahlreichen Wurstsorten eine wichtige Rolle spielt, wie beim Bärlauch-Aufschnitt, der würzigen Lamm-Bärlauch-Bratwurst oder dem Lammbraten mit Feta-Bärlauch-Füllung.

Der ideenreiche Party-Service des Hauses hat in der Region einen sehr guten Namen. Ob klassisch oder mal ein bisschen ausgefallener – die Saueressigs bieten für jeden Geschmack und jedes Fest das Richtige. Kalt-warme Büfetts, köstliche und abwechslungsreich gefüllte Braten, kalte Platten, die auch ein optischer Augenschmaus sind, und sogar ganze Spanferkel, die fertig gegrillt angeliefert und dann vor Ort tranchiert und serviert werden. Auch die so genannten „vergessenen Spezialitäten" wie saure Kutteln, Schweinepfeffer oder ein eingelegter Sauerbraten bietet Andreas Saueressig gerne an, ebenso wie selbst gemachte Leber-, Mark- und Kartoffelklöße.

Gerade in einer Zeit, die so hektisch und schnell geworden ist, schätzt so manch ein Kunde diese traditionellen Gerichte, die wie einst bei Muttern munden.

Die Metzgerei Saueressig bietet für jede Gelegenheit den passenden kulinarischen Genuss – pur und frisch wie der Odenwald selbst.

Schinken und Salami sind bei den Kunden stets beliebt.

Besonders dem rohen Schinken lässt Andreas Saueressig, der im Laden von seiner sympathischen Ehefrau Heidje unterstützt wird, viel Mühe und Sorgfalt angedeihen, ganz nach alter Schwarzwälder Tradition.

Zunächst wird er für sechs bis acht Wochen trocken eingesalzen, dann darf er noch zwei, drei Wochen reifen und erst dann wird er, langsam und schonend, über Buchenholz geräuchert. „Ein guter Schinken braucht seine Zeit", meinen die Saueressigs überzeugt, denn das schmeckt man und unterscheidet ihn von Massenware.

Traditionell wird bei den Saueressigs selbst geschlachtet. Die Tiere stammen sämtlich aus der direkten Nachbarschaft: Die Rinder vom Nachbarn gleich nebenan, der sie in Weidehaltung großzieht und nur mit hofei-

MARTIN MÜLLER GmbH & Co. KG

„Der Mensch ist, was er isst" – diesem Motto hat sich die Firma Martin Müller in Waldwimmersbach im Odenwald mit ihren leckeren und variantenreichen Nudelsorten verschrieben.

Die Grundlage für die goldgelbe Spezialität sind die Eier des Odenwälder Bauernhofs,

eine stattliche Anzahl von Eiern, leider nicht immer gemäß dem Lied: „.... leg' jeden Tag ein Ei und sonntags auch mal zwei!" Auch ein Ei ist, was das Huhn, das es gelegt hat, isst – darum füttert Martin Müller ausschließlich Futter aus der eigenen 80 ha umfassenden Landwirtschaft, zum größten

Martin Müller GmbH & Co. KG

Rathausstraße 9
74931 Lobbach-Waldwimmersbach

Telefon 0 62 26/97 01 30
Telefax 0 62 26/97 01 39

Hofladen Donnerstag bis
Samstag geöffnet

der im Nachbarort Reichartshausen zu finden ist und von Martin Müller seit 1993 betrieben wird. Nach seinem Landwirtschaftsstudium übernahm er den landwirtschaftlichen Betrieb seiner Eltern, strukturierte ihn um und konzentrierte sich fortan auf die Legehennenhaltung.

Die Küken kommen im zarten Alter von einem Tag hier an und werden dann auf dem Hof etwa 18 Wochen aufgezogen, bevor sie die ersten Eier legen.

In den folgenden ein bis zwei Jahren, der Lebenszeit einer Legehenne, legt sie dann

Teil Odenwälder Weizen und Mais. Zwei Grundsätze sind ihm dabei wichtig: Das Getreide wird so wenig wie möglich chemisch behandelt und direkt auf dem Hof geschrotet.

Lediglich Soja und Ergänzungsmittel zur Stärkung der Tiere muss Martin Müller zukaufen. Das garantiert ihm eine gute Kontrolle über seine Tiere und vermeidet Krankheiten, die sich unter den Hühnern sehr rasch ausbreiten könnten.

Der produzierte Mist wandert dann, ein gut funktionierender Kreislauf der Natur, wieder zurück auf die Felder und dient dort als natürliches Düngemittel.

Huhn und Ei unterliegen einer ständigen Kontrolle durch das Staatliche Tierhygienische Institut Heidelberg. Das ist äußerst wichtig, zumal Martin Müller seine Eier auch an Bäckereien, Großküchen und die Gastro-

stoffe sind auch hier selbstverständlich. Neben den Müller'schen Eiern wird noch Hartweizengrieß mit hohem Klebergehalt verwendet, der den Nudeln Biss und eine gute Konsistenz verleiht, schließlich schmecken sie al dente am besten.

Die Auswahl ist groß. Da gibt es Spaghetti

mit einer Auswahl aller Produkte des Hofladens und vor allem die schönen Nudelsträuße – eine Geschenkidee, die sicher bei jedem Nudelfan sehr gut ankommt.

nomie verkauft. Die Tiere werden im Krankheitsfall ausschließlich homöopathisch behandelt und erhalten Vitamine, um ihre Gesundheit zu fördern. Um seinen Kunden eine umfangreichere Auswahl zu bieten, kauft Martin Müller auch Freiland- und Bio-Eier von Kollegen hinzu.

Ein Teil der Eier wird für die Herstellung der vielfältigen Nudelspezialitäten verwendet. Die Nudelherstellung liegt in den erfahrenen Händen eines Partners von Martin Müller, strenge Qualitätskontrollen und der Verzicht auf chemische Konservierungs-

und Bandnudeln, Makkaroni und Farfalle, Tortellini und Lasagne, Faden- und Schnittnudeln, Kräuter-, Spinat- und Vollkornnudeln. Selbst die von Kindern so geliebten Buchstabennudeln für die Suppe kann man entdecken. Auch Spätzle werden in vielerlei Gestalt, als Jäger- und Vollkornspätzle, als geschabte und als Bauernspätzle, angeboten.

Neben den rund 30 Nudelsorten umfasst das Sortiment in dem hübschen Hofladen auch Honig, Wein, Tee und Müsli.

Eine gelungene Idee sind die Präsentkörbe

DER KRAICHGAU

Im Angelbachtal

Der Kraichgau, eine malerische Kulturlandschaft zwischen Rhein und Neckar, wird von sanften Hügeln und Weinbergen, aber auch von interessanten Baudenkmälern geprägt.

Das Alte Schloss in Neckarbischofsheim verweist mit dem im 14. Jahrhundert erbauten Palas mit Rittersaal auf seine lange Vergangenheit. Anstelle des wehrhaften „Neuen Steinhauses" von 1368 wurde im 19. Jahrhundert das Neue Schloss erbaut. Das ehemalige Amtshaus, nach einem seiner Hausherren, Alexander von Helmstatt, auch Alexanderburg genannt, beherbergt heute das Rathaus. Die Stadtkirche wurde im 17. Jahrhundert auf den Fundamenten der 1386 erbauten Marienkapelle im Stil der Spätre-

naissance errichtet. Der Fünfeckige Turm, ein Rest der Wehrmauer, ist noch vollständig erhalten und erhielt 1726 einen Fachwerkaufbau. Heute ist hier das Heimatmuseum untergebracht.

In Sinsheim begeistert das Auto & Technik Museum mit über 3000 Ausstellungsstücken von Oldtimern, Lokomotiven und Dampfmaschinen über die größte Tanzorgel der Welt bis zur umfangreichen Formel-1-Ausstellung. Als Highlight gelten die französische Concorde und ihr russisches Pendant, die Tu-144.

Die nahe gelegene Burg Steinsberg, weithin sichtbar auf einem Basaltkegel errichtet, gilt seit jeher als „Kompaß uff den Kraichgau". Der Burghof ist Schauplatz von Festspielen, Theateraufführungen und dem Steinsberg-Festival.

In Angelbachtal gibt es zwei sehenswerte Wasserschlösser. Das Wasserschloss Eichters-

heim wurde im 16. Jahrhundert erbaut und ist nur über eine Sandsteinbrücke zu erreichen. Sein Park mit altem Baumbestand und botanischen Raritäten ist Schauplatz der märchenhaften Schlossparkbeleuchtung am Pfingstsonntag sowie des großen Mittelalter-Markts mit Ritter-Turnier am zweiten Augustwochenende.

Das Michelfelder Schloss diente den Herren von Gemmingen-Hornberg lange als Stammsitz. Sie zeichneten auch für den Bau des Glockenturms der evangelischen Kirche verantwortlich, das Langschiff oblag dagegen der Kirchengemeinde.

Sakrale Pracht bestimmt die Weinbaugemeinde Östringen, hier steht der „Dom des Kraichgaus", die imposante neuromanische Pfarrkirche St. Cäcilia, und im Ortsteil Odenheim thront weithin sichtbar die hochbarock erbaute Kirche St. Michael.

Die barocke Residenz in Bruchsal wurde unter Fürstbischof Damian Hugo von Schönborn errichtet. Um den Ehrenhof gruppieren sich die Hofkirche mit dem von Balthasar Neumann erbauten Kirchturm, Kammermusikflügel und Kammermusiksaal. Auf der Gartenseite schließen sich zwei Orangerien, Hofapotheke, Landhospital und Hofküche an.

Für das Schloss konstruierte Balthasar Neumann eine einzigartige Treppe, die zum prunkvollen Kuppelsaal führt. Die mächtige 19 Meter hohe Kuppel wird von 16 Pilastern aus Stuckmarmor getragen. Der Fürstensaal birgt imposante Lüster, prachtvolle Deckenmalereien, die u. a. die 7 freien Künste darstellen, sowie die Bildnisse der Fürstbischöfe.

Am unteren Ende des frei zugänglichen Gartens mit Wasserspielen, Ententeich mit Steingarten und Steinpflanzen schließen Kaplan-, Gärtner-, Jägerhaus und das Haus des Kammerdieners die Anlage ab.

Die neun Gemeinden der Großgemeinde Kraichtal bieten viel Sehenswertes. Zur Orientierung dient das interessante Museum der Stadt Kraichtal im Gochsheimer Graf-Eberstein-Schloss aus dem 16. Jahrhundert, das u. a. die Kraichgau-Bibliothek und die weltgrößte Bügeleisensammlung birgt. Ebenfalls in Gochsheim locken Badisches Bäckerei- und Konditoreimuseum und das erste deutsche Zuckerbäckermuseum viele Besucher an. Münzesheim lohnt wegen seiner malerischen Fachwerkbauten in der Unterdorfstraße, besonders die Alte Schmiede mit ihrer vorgebauten Kanzel ist ein Glanzstück. In Menzingen erinnert die Wasserschloss-Ruine aus dem 16. Jahrhundert an die Freiherren von Mentzingen, die noch immer auf Schloss Schwanenburg (1569) residieren.

Eppingens Altstadtgassen werden von pittoreskem Fachwerk beherrscht. Mal im Stile der Renaissance, dann wieder voll barocker Vielfalt zeigen sich zum Beispiel die Alte Post, Erker-, Handwerker- und Ackerbürger-

haus. In der St. Petersgasse blieb ein fast vollständiges Fachwerkensemble mit malerischen Fassaden, zum Beispiel das Kaufmannshaus (1552), erhalten.

Das Baumann'sche Haus gilt als eines der schönsten Bürgerhäuser Deutschlands, das größte und höchste Fachwerkgebäude Eppingens ist die „Alte Universität" (1494/95 erbaut), und das Bäckerhaus gilt als ältestes Fachwerkhaus im Kraichgau.

Auto & Technik Museum Sinsheim

IMAX 3D Filmtheater, Sinsheim

Der Kraichgau bei Sinsheim

ⅅer nördliche Kraichgau ist nicht gerade eine typische Spargelregion und doch hat Heiko Junker nach seinem Landwirtschaftsstudium 1994 das Experiment gewagt, die edle Stange auf seinem Land zu kultivieren. Zunächst baute er den damals noch weitgehend unbekannten grünen Spargel an, der auch heute noch etwa zwei Drittel seiner Anbaufläche ausmacht, später kam die beliebte weiße Variante hinzu – und beide gedeihen auf dem lockeren Lößboden aufs Beste.

Alljährlich von Mitte April bis Mitte Juni gibt es im Hofladen der Junkers das wohlschmeckende Gemüse, sortiert in zwölf verschiedene Handelsklassen, die sowohl vom Preis als auch von der Qualität her keine Wünsche offen lassen.

Mit dem Beginn der Erdbeersaison wird das reichhaltige Spargel-Sortiment durch eine Auswahl der besten Sorten dieser leckeren Früchtchen ergänzt, auch sie stammen natürlich aus eigenem Anbau.

Das Familienunternehmen, das stets nach dem Motto „Klasse statt Masse" handelt, strebt nun auch die QS-Zertifizierung an, die besonders hohe Qualitätsanforderungen stellt.

Für sein 10-jähriges Jubiläum im Jahr 2004 hat sich der ambitionierte Landwirt etwas Besonderes ausgedacht. Ein Schälautomat soll seinen Kunden künftig das Spargelschälen abnehmen. Und im Jubiläumsjahr soll dieser Service kostenlos sein!

Tipp: Bei Interesse bietet Heiko Junker auch Betriebsführungen an.

Spargelgut Wasserschloss

74921 Helmstadt

Telefon 07263/5709
Telefax 07263/20065

Hofladen Mitte April bis
Mitte Juni geöffnet

BAUERNHOFLADEN MÜLLER

Bauernhofladen Müller

Prof.-Kehrer-Straße 6
74909 Meckesheim

Telefon 0 62 26/24 82
Telefax 0 62 26/6 08 31

Ruhetage: Mittwoch- und
Samstagnachmittag

Neugierige braune Kälber-Augen schauen dem Besucher entgegen, die beiden Esel recken ihren Hals über das Gehege, aus dem Stall muht es laut – auf dem Bauernhof der Familie Müller in Meckesheim ist, so scheint es, die Welt noch in Ordnung.

Die kostbaren Gaben der Region zu bewahren und weiterzugeben, das trieb Elisabeth und Hermann Müller an, als sie vor elf Jahren ihren schönen Bauernhofladen eröffneten.

Das Geschäft war damals als zweites Standbein neben der Milchwirtschaft gedacht, in einer Zeit, in der die Preise für bäuerliche Erzeugnisse in den Keller fielen und die Agrarpolitik die Bauern zum Umdenken zwang. Zu Beginn wurden nur die hofeigenen Erzeugnisse verkauft, draußen im Freien und je nach Bedarf der Kunden. Dann bauten die Müllers die ehemalige Scheune zu einem modern ausgestatteten und großzügigen Laden um, das Sortiment wurde erweitert und Gemüse und Obst von Bauernhöfen der umliegenden Nachbargemeinden kamen hinzu. Auch frische Eier, hausgemachte Nudeln, Vollkornprodukte, Mehl, Brot und im Herbst auch wunderschöne Kürbisse kann man im Hofladen erwerben. Was Elisabeth Müller nicht in der Region selbst bekommen kann, kauft sie, besonders im Winter, wenn das heimische Angebot nicht so vielseitig ausfällt, auf dem Großmarkt zu.

So steht den Kunden immer ein umfangreiches Sortiment frischer und qualitativ hochwertiger Produkte von frischen Salaten über alle heimischen Gemüse- und Obstsorten bis zu Zitrusfrüchten, Pilzen und Bananen zur Verfügung.

Man merkt Elisabeth Müller noch immer ihre Begeisterung an, wenn sie Besuchern ihren Laden zeigt. Der persönliche Kontakt zu ihrem festen Kundenstamm macht ihr besonderen Spaß, sie berät junge Mütter bei der Zubereitung von Babybrei, zeigt Schulklassen den Hof und erzählt Wissenswertes über Ernährung, hat immer nützliche Tipps bereit und nimmt sich bereitwillig Zeit für jeden Einzelnen.

Die drei Töchter der Müllers sowie die bei-

die rehbraunen Tiere stammt ausschließlich aus hofeigenem Anbau, somit kann Hermann Müller die Qualität vom ersten bis zum letzten Tag kontrollieren und eine schonende und artgerechte Aufzucht garantieren. Ein Metzger in der Region schlachtet und zerlegt die Bullen dann, und die Kunden holen die vorbestellten Mengen im Hofladen ab.

Elisabeth Müller kommt zwar aus der Landwirtschaft, erlernte aber zunächst den Beruf der Bürokauffrau. Nach ihrer Heirat absolvierte sie noch eine Ausbildung zur Jungbäuerin und eignete sich noch mehr Wissen über ein Leben auf einem Bauernhof an.

Serviceorientierte Ideen und ein klarer Blick für die Bedürfnisse ihrer Kunden treiben sie auch heute noch an. Im Augenblick versuchen sich die Müllers im Anbau von Artischocken, die bei ihren Kunden sehr beliebt sind.

den Mitarbeiterinnen unterstützen die herzliche Kraichgauerin in ihrem Engagement. Da wird das Einkaufen zum Vergnügen, und auf die gute Qualität aller Waren kann man sich ohnehin verlassen.

Der eigene Hof, der bereits seit Generationen in Familienhand liegt, liefert neben frischer Milch auch hochwertiges Rindfleisch. Die Müllers ziehen die Kälber selbst groß, die Kühe bleiben auf dem Hof und die männlichen Tiere werden dann nach etwa fünfzehn Monaten geschlachtet. Das Futter für

Selbst in den Betriebsferien im August muss niemand auf Eier, Kartoffeln und Äpfel verzichten. Dann bauen die Müllers im Hof einen Selbstbedienungsstand auf, die Kunden nehmen, was sie benötigen, und werfen das Geld dafür einfach in eine kleine Kiste – eine gute Idee, die viel über das selbstlose Engagement der sympathischen Familie Müller erzählt.

DER MÜHLENBÄCKER

MB Mühlenbäcker GmbH

Mühlweg 9
74939 Zuzenhausen

Telefon 0 62 26/13 72
Telefax 0 62 26/9 93 97 50

Fast glaubt man, beim Mühlenbäcker in Zuzenhausen in ein Grimm'sches Märchen geraten zu sein. Vor dem Haus lehnen zwei große Mühlsteine malerisch an der blumengeschmückten Wand, drinnen geht Müllermeister Willi Kolb seiner Arbeit nach, köstlicher Brotduft erfüllt die Luft und bald wird sich auch wieder ein Wasserrad in der Elsenz drehen.

Familie Kolb ist seit 1888 im Besitz des jahrhundertealten Gebäudes, Willi Kolb selbst betreibt die Mühle seit nunmehr 40 Jahren. Der Fortschritt hat natürlich auch hier längst Einzug gehalten. Riesige Silos überragen das Mühlengebäude, das in seinen historischen Mauern modernste Technik beherbergt. Mit Romantik hat der größte Betrieb im Elsenztal nichts mehr zu tun.

Doch Willi Kolb und seine langjährige Geschäftspartnerin Renate Gütter konnten ihr Unternehmen nur mit weitsichtigem Gespür für die Bedürfnisse des Marktes vor dem großen Mühlensterben bewahren. Weil die Mehlpreise zunehmend in den Keller fielen, entschlossen sie sich 1999, künftig selbst Brot zu backen. So entstand die moderne Bäckerei mit dem riesigen Holzofen, der mit Buchenholz befeuert wird. Nur Getreide von in der Region ansässigen Bauern und aus kontrolliertem und integriertem Anbau wird mit viel Sorgfalt und Handarbeit verarbeitet: Qualität, die man schmeckt!

Doch nicht immer bedeutet technischer Fortschritt auch Verbesserung. Ein beeindruckender Lavastein aus der Eifel wird bald an die Stelle des großen Mahlwerkes treten und das Getreide zwischen seinen Mahlsteinen schonend in nur einem Durchgang zu feinem Schrot mahlen, während das herkömmliche Mahlwerk 16 Durchgänge benötigt. Diese historische Produktionsweise ist auch im 21. Jahrhundert die effizienteste Methode.

Seit November 2002 lädt ein gemütlicher Hofladen mit Café- und Vesperstube zum Einkaufen, Verweilen und Genießen ein. Hier kann man alle leckeren Backwaren der Mühlenbäckerei erwerben, allen voran natürlich die Spezialität des Hauses: das Holz-

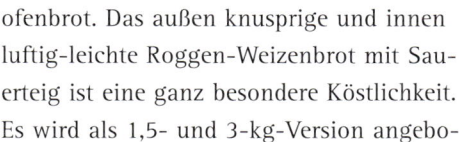

zer Krusten, Dinkelvollkorn und
Kartoffelbrot und eine große Auswahl an Brötchen im Angebot.
Fans süßer Leckereien freuen sich
über Hefe- und Blechkuchen, die
ebenfalls im Holzofen gebacken
werden.

Der Laden hält zudem eine breite
Auswahl an Mehl, Tee, Wein und
Kartoffeln sowie vielfältige Dinkel-
produkte von Müsli über Cornflakes
bis zu Waffeln und Gebäck, Milchprodukte, Nudeln, Edelbrände und
Hausmacher Wurst bereit.

Wer nun Appetit bekommt, kann
ihn gleich in der Café- und Vesperstube stillen. Ob Frühstück, gemütliche Kaffeestunde am Nachmittag
oder zünftige Vesper, hier kann
man viele Köstlichkeiten aus der
Mühlenbäckerei verkosten. Bei Feierlichkeiten werden sogar zünftige
Haxen und Schweinsbraten aus
dem Holzofen serviert – eine echte
Delikatesse.

Wer sich für den Weg vom Korn
zum fertigen Brot interessiert, dem
sei eine Mühlenführung ans Herz
gelegt, die mit knusprigem Brot,
Wurst- und Schinkenspezialitäten
und selbst gemachter Marmelade
im Café ihren gelungenen Abschluss
findet.

Viele Kunden kommen von weither,
weil sie den unnachahmlichen Geschmack des Mühlenbäcker-Brotes
zu schätzen wissen, und kaufen
gleich auf Vorrat ein. Denn wer
einmal das knusprig-frische Holzofenbrot gekostet hat, der wird
sicher wiederkommen zur schönen
Mühlenbäckerei im Elsenztal.

ofenbrot. Das außen knusprige und innen
luftig-leichte Roggen-Weizenbrot mit Sau-
erteig ist eine ganz besondere Köstlichkeit.
Es wird als 1,5- und 3-kg-Version angebo-

ten, kann aber auch als halber oder viertel
Laib erworben werden.
Des Weiteren sind Roggen-Schrot-Kürbis,
Dinkelschrot, Sonnenblumenschrot, Schwei-

EXCELLENT CONFISERIE

**EXCELLENT Confiserie
Spezialitäten GmbH**

Am Leitzelbach 20
74889 Sinsheim-Dühren

Telefon 0 72 61/97 82 30
Telefax 0 72 61/97 82 32

Confiserie-Geschäft
Montag bis Freitag und am
ersten Samstag im Monat geöffnet

Der Himmel auf Erden für alle, die süße Leckereien mögen, liegt in Sinsheim-Dühren! Feinste und kunstvoll verarbeitete Kreationen aus Schokolade und Marzipan verheißen hier das Schlemmer-Paradies für Genießer süßer Köstlichkeiten.

Die Konditorenmeister Andreas und Isabel Bellem legten 1994 den Grundstein für die Erfolgsgeschichte der EXCELLENT Confiserie Spezialitäten GmbH.

Mit der Herstellung feiner Pralinen, zarter Trüffel, luftig-leichtem Gebäck und fantasievollen Torten machten sie sich einen guten Namen. Vier Jahre später erwarben sie die renommierte Original Königsberger Marzipan-Firma Ewald Liedtke und führen nun die Tradition und hohe Qualität des 1809 gegründeten Unternehmens hier im Kraichgau erfolgreich fort.

Das Sortiment überzeugt mit erlesenen Trüffeln – vom Kir Royal- und Passionsfrucht-trüffel über Calvados-, Himbeerkokos- und Cointreau-Rahmkaramelltrüffel bis zum Apfel-Mandel-, Irish-Coffee-, Eierlikör- und Mirabelltrüffel – und köstlichen Pralinen wie Sahnenugat, Haselnuss- und Weinbrandmarzipan oder Erdbeerherz, Rumcanache oder Williams Christ Praline.

Wenn die ambitionierten Konditoren auf der Suche nach neuen Geschmackswelten Obst und Gewürze miteinander verbinden, sind zum Beispiel Litschi-Mohn-, Kokos-Koriander-, Mango-Chili- oder Zitronengras-Minze-Pralinen das exotisch-einfallsreiche Ergebnis.

Und Petit Fours – die Visitenkarte der feinsten Konditorenkunst – sind nicht nur ein optischer Leckerbissen, sie begeistern auch mit saftigem englischem Biskuit, feinstem Marzipan und köstlichen Cremefüllungen.

Das Original Königsberger Marzipan, eine geschützte Marke, zeichnet sich durch feins-

te Mandeln aus dem Mittelmeerraum, wenig Zucker (nur 10 Prozent Zucker und 90 Prozent Marzipanrohmasse) und einen Hauch Rosenwasser aus. Die Rezeptur ist noch die gleiche wie vor hundert Jahren, Konservierungs- und Geschmacksstoffe sind tabu, stattdessen ist jedes Stück von viel Handarbeit und Sorgfalt geprägt.

Zum Abschluss wird es zartknusprig geflämmt – ein wirklicher Hochgenuss.

Zu den Spezialitäten gehört auch das dem gleichnamigen Bauwerk nachempfundene „Sinsheimer Stiftstürmchen", gebaut aus Amaretto-Marzipan, gefüllt mit einer Mokkacreme und mit einem Amaretti-Stückchen als Kuppel, das Ganze überzogen von Kuvertüre.

Auch pikantes Käsegebäck, knusprige Müsliriegel und luftiges Teegebäck gehören zum Sortiment.

Und an Weihnachten kommen erlesene

Christstollen, Lebkuchen-Häuschen für die Kleinen, edle Baumkuchen und Weihnachtsgebäck, an Ostern Schokoladeneier, Baumkuchen-Osternester und Oster-Teegebäck hinzu.

Und die vielfältigen kunstvollen Torten von EXCELLENT sind eine kulinarische Bereicherung eines jeden Festes.

Rund 12 Tonnen belgische Rohschokolade und 10 Tonnen Marzipan werden pro Jahr verarbeitet, dabei zählen Handarbeit statt Maschineneinsatz und natürliche Rohstoffe statt Konservierungsstoffe und Geschmacksverstärker.

Da EXCELLENT ein umfangreiches Service-Angebot anbietet, gehören neben Privatkunden auch die gehobene Gastronomie und Hotellerie sowie renommierte, weltweit operierende Firmen zur Klientel. Für sie stellen die Bellems individuell eine Auswahl ihrer erlesenen Spezialitäten zusammen und lassen diese dann ganz im Stil des Auftraggebers, zum Beispiel mit dem Firmenlogo, verpacken. Oder sie fertigen hübsche Betthupferl für das Kopfkissen der Hotelgäste.

Auf diese Art genießen dann Menschen in ganz Deutschland und über die Grenzen hinaus die zarten, köstlichen Versuchungen von EXCELLENT feinste Confiserie in Sinsheim ...

HOTEL-RESTAURANT ZEHNTSCHEUNE

**Hotel-Restaurant
Zehntscheune**

Mettengasse 55
74889 Sinsheim-Hilsbach

Telefon 072 60/92 09 20
Telefax 072 60/92 09 21

Vor der Tür die sanfte Hügellandschaft des Kraichgau und hinter historischen Mauern die anspruchsvolle Küche von Patron Peter Russek, der die Kraichgauer Küche ebenso souverän beherrscht wie die mediterran verspielte Variation – so präsentiert sich das Hotel-Restaurant Zehntscheune in Hilsbach. Auch nach dem aufwändigen Umbau, der Russeks Einzug im September 2002 voranging, steckt der Hauch der Historie noch immer in den dicken, denkmalgeschützten Mauern mit dem imposanten Turm, und er bildet einen charmanten Gegensatz zu der zeitgemäßen Küchenkunst des Schwaben und den modernen Gästezimmern (2 behindertengerechte) des Hauses.

Seiner Heimat wird Russek mit Gerichten wie dem Urschwäbischen Rostbraten mit Krautspätzle, Maultaschen und Schupfnudeln oder Gaisburger Marsch gerecht. Doch auch mit einem südlich-leichten Aromenspiel, das er in der Sterne-Gastronomie zwischen Mailand, der Schweiz, dem Elsass und Karlsruhe erlernte, setzt er lukullische Glanzpunkte, harmonisch umrahmt von renommierten Kraichgauer, spanischen und italienischen Weinen. Regionale Erzeuger liefern ihre hochwertigen Produkte, die dann in innovative Kreationen verwandelt werden.

So kommt der heimische Spargel schon mal als Ragout mit Riesengarnelen an Hummersauce daher, der marinierte Kaninchenrücken gesellt sich zu Apfel-Kürbis-Salat und die Maispoulardenbrust wird mit Flusskrebs-Kräuterfüllung serviert, während sich das Kalbsrückensteak, mit Garnelenragout gratiniert, mit schwarzen Nudeln auf Champagnersauce vereint.

Gemeinsam mit Lebensgefährtin Mandy Günther, die für den aufmerksamen Service verantwortlich zeichnet, bietet Peter Russek seinen Gästen ein vielfältiges kulinarisches Programm: vom Wochenend-Golf-Arrangement mit 3-Gang-Menü und Green-Fee bis zum 6-Gang-Degustationsmenü mit edlen

korrespondierenden Weinen und von der fantasievollen Präsentation saisonaler Spezialitäten wie Matjes, Pilze oder Krustentiere bis zum rustikalen Steakabend am Donnerstag. Im Sommer lädt der lauschige Biergarten mit einer edel-rustikalen Karte zum Schlemmen im Freien ein. Und beim spanischen, asiatischen oder skandinavischen Abend harmonieren die Gaumenfreuden aus Küche und Keller perfekt miteinander, Live-Musik inklusive.

Peter Russek ist es wichtig, eine gehobene Küche mit Anspruch zu bieten, die auch für Familien und Menschen mit kleinem Geldbeutel erschwinglich ist. Ein hehres Ziel, das der sympathische Schwabe aufs Beste umzusetzen vermag. Ob preisgünstiges Tagesessen oder exklusives Gourmet-Menü – Qualität, Ambiente und Genuss sind in der Zehntscheune garantiert.

$\mathcal{S}$INSHEIM-HILSBACH

Lammrücken im Kartoffelmantel mit Zitronen-Knoblauchöl

Zutaten

800 g Lammrücken, pariert,
je 1 rote, gelbe und grüne Paprika,
4–6 festkochende Kartoffeln,
Salz, Pfeffer,
Thymian, Olivenöl,
Saft 1 Zitrone,
2 Knoblauchzehen, 1 Zwiebel

Zubereitung

Lammrücken in vier gleiche Teile schneiden, mit Salz, Pfeffer und Thymian würzen. Kartoffeln schälen, mit einem Spiralschneider zu Kartoffelspaghetti drehen und diese dann fest und gleichmäßig um den Lammrücken wickeln.
Fleisch im heißen Olivenöl auf jeder Seite ca. 3–4 Min. gut anbraten, in den Ofen geben und mit Oberhitze bei ca. 80–90 °C für etwa 10–12 Min. ruhen lassen.
Paprika und Zwiebel in große Stücke schneiden, in Olivenöl anbraten (Gemüse sollte noch Biss haben), mit Salz und Pfeffer abschmecken. Knoblauch schälen und fein hacken, mit etwas Olivenöl verrühren, Zitronensaft zufügen und mit Salz abschmecken. Paprikagemüse in die Tellermitte geben, den rosa gebratenen Lammrücken in drei Stücken darauf legen. Mit Zitronen-Knoblauchöl und frischen Kräutern vollenden.

HOTEL RESTAURANT RATSSTUBE

Seit über 60 Jahren steht der Name Steidel in Sinsheim-Dühren für Gastlichkeit und kulinarische Vielfalt. 1940 pachteten Otto und Julchen Steidel das Gasthaus „Zum Adler" samt Metzgerei, 1954 eröffneten Sohn Walter und Ehefrau Anna dann die stattliche Ratsstube, wiederum mit eigener Metzgerei, und schrieben damit ein neues erfolgreiches Kapitel in der Gastronomiegeschichte der Familie. Das imposante Hotel im Herzen Dührens hat sich durch den Zukauf des Nachbargrundstücks zu einem großzügigen und modernen Gebäudekomplex entwickelt und verfügt inzwischen auch über einen Fitnessbereich, Dampfbad und Solarium.

Hotel Restaurant Ratsstube

Karlsruher Straße 55–57
74889 Sinsheim-Dühren

Telefon 072 61/937-0
Telefax 072 61/937-250

Rindercarpaccio

Zutaten

240 g Rinderfilet,
diverse Blattsalate, je nach Saison,
4 große, weiße Champignons,
80 g Parmesan,
Salz,
Pfeffer,
Olivenöl,
Balsamico,
5 g rosa Pfefferbeeren

Zubereitung

Rinderfilet in hauchdünne Scheiben
schneiden und auf einem Teller arrangieren. In die Mitte die Blattsalate
drapieren. Champignons ebenfalls in
dünne Scheiben schneiden und auf
den Tellerrand legen.
Parmesan darüber hobeln. Das Carpaccio mit Salz und Pfeffer würzen,
Olivenöl und Balsamico darüber träu-
feln. Zum Schluss die rosa Pfefferbeeren als Garnierung über den Teller
verteilen.
Tipp: Frieren Sie das Rinderfilet vor
dem Aufschneiden ein, so lässt es sich
am besten hauchdünn aufschneiden.

Das gemütliche Restaurant, die Kraichgau
Stube und Katharinas Gute Stube, die für
private Feste sowie Tagungen und Seminare
genutzt werden, und die großzügigen Zimmer des komfortablen 4-Sterne-Hotels werden von einem familiären Ambiente mit
Anspruch geprägt.

Karlheinz und Annerose Steidel sorgen gemeinsam mit ihren Töchtern Katharina und
Carolin sowie Sohn Oliver mit professionel-
ler Gastfreundschaft für das Wohl ihrer
Gäste, darunter viele Stammgäste, welche
die persönliche Atmosphäre zu schätzen
wissen.

Das Restaurant ist kulinarischer Treffpunkt
für Hausgäste und Feinschmecker von Nah
und Fern. Im Sommer bietet die Terrasse
lauschige Plätze im Grünen.

Die Speisenauswahl malt ein zeitgemäßes
und ideenreich dargebotenes Bild der Kraichgauer Küche, ergänzt von klassischen internationalen Spezialitäten.

Die fantasievolle Speisenauswahl reicht
vom gekochten Rindfleisch mit Senfrahm-
meerrettichsauce und Kalbsnierchen in
Schwarzrieslingsauce bis zum mediterranen

Rindercarpaccio, Allgäuer Käselendchen
und Lachsfilet in Hummersauce.

Dazu werden renommierte Weine aus Baden
und Württemberg kredenzt, die mit den Gaumenfreuden aufs Beste harmonieren.

Die besondere Spezialität des Hauses sind
die einfallsreichen Wildgerichte, die man-
nigfach auf den Tisch gebracht werden. Der
Rehbraten „Baden-Baden" kommt mit Pfifferlingen, Preiselbeerbirne und hausgemachten Semmelknödel oder Spätzle daher,
die Wildschweinrückenmedaillons nehmen
auf Pilzragout Platz, und die Wilddiebplatte
für zwei vereint Reh, Hase und Hirschrücken
mit Sauerkirschsauce und Wacholderrahm.
Während das Wild aus den umliegenden
Wäldern stammt, garantiert die hauseigene
Metzgerei die hervorragende Güte des Fleisches von Kraichgauer Tieren.

Feste aller Art bewirtet Familie Steidel auch
außer Haus mit ihrem renommierten Catering-Service, der die bewährte Qualität der
Ratsstube auch zu Ihnen nach Hause bringt!

RESTAURANT GOLDENER KÄFER

Restaurant Goldener Käfer

Mühlgasse 29
74930 Ittlingen

Telefon 072 66/91 20 37
Telefax 072 66/91 21 97

Ruhetage: Dienstag und
Mittwochmittag

Die kleine Gemeinde Ittlingen südlich von Sinsheim ist seit dem Jahr 2002 die Heimat des Restaurants Goldener Käfer, das mit einer anspruchsvollen, variantenreichen Feinschmecker-Küche auf sich aufmerksam macht.

Patron Oliver Varsakis erlernte sein Handwerk in der Schweiz sowie in besonders renommierten Sterne-Restaurants des Landes – der Villa Hammerschmiede in Pfinztal und dem Deidesheimer Hof in der Pfalz – und wagte dann in seiner Heimat den Schritt in die Selbstständigkeit. Mit spielerischer Kunstfertigkeit kredenzt er seinen Gästen eine leichte, mal mediterrän, mal französisch

inspirierte Speisenauswahl mit viel Raffinesse, welche die guten Gaben dieses Landstriches lustvoll mit internationalen Spezialitäten vereint.

Das À-la-Carte-Angebot und die beiden Menüs greifen das saisonale Angebot variantenreich auf. Die gefüllten Kalbstäschle mit Kräuter-Frischkäse in Sauce Marchand de vin zeigen sich mit gerührter Maispolenta, die glasierte Barbarie-Entenbrust mit Preiselbeeren auf einem Ragout von Cox-Äpfeln und Kohlrabi, begleitet von Kräuterschupfnudeln.

Und das fantasievolle Fischmenü begeistert mit lauwarmem Linsensalat auf Ölrauke und

gratiniertem Heilbutt, gebratener Rotbarbe mit süß-saurem Tomatenrelish und Oliven-croustini und Cordon Bleu von Lachs und Zander mit Meerrettichschaum an Gewürz-spinat und Kräuterreis, bis das Tiramisu-törtchen an glasierten Orangenfilets und Schokoschaum das krönende Finale mar-kiert.

Gespeist wird in einem eleganten Interieur, das sich lichtdurchflutet und mit dezenten Accessoires präsentiert. Auch Wintergarten und Terrasse bieten Platz zum entspannten Genießen. Die korrespondierenden Weine stammen zu einem Großteil aus der Region, doch auch Positionen aus Südeuropa und der Neuen Welt sind zu entdecken.

Eine ganze Reihe von Highlights vom Som-mernachtsbüfett über den Erntedank-Brunch bis zum Nikolaus-Menü begleiten das Jahr kulinarisch. Besonders beliebt sind die Koch-kurse für Erwachsene sowie jene für Kinder, deren Teilnahmegebühr einem guten Zweck gespendet wird.

Wer zu Hause, im Ittlinger Ratskeller oder dem nahen Schloss Neuhaus ein Fest be-geht, dem steht der Catering-Service von Oliver Varsakis genussvoll zur Seite.

Und auch das Dinner for two mit 3-Gang-Überraschungs-Menü und begleitenden Weinen, das Candle-Light-Dinner in Ko-operation mit dem renommierten Weingut Seeger aus Leimen, die badische Woche mit Spezialitäten rund um Badens Küche und eine edle Schokoladen- oder Champagner-Präsentation bieten vielfältige Gelegenhei-ten, den Goldenen Käfer einmal genauer kennen zu lernen.

Marinierte Entenbrust süß-sauer an Glasnudelsalat und Mangorelish

Zutaten

2 Entenbrüste,
70 ml Balsamico,
100 ml Apfelessig,
70 g Zucker, 20 g Salz,
weiße Pfefferkörner,
Senfsaat, Honig,
Tabasco, Dijon-Senf,
Korianderkörner, Ingwer

Für das Mangorelish:

100 g Mangowürfel,
10 g roter Pfeffer,
35 g geröstete Pinienkerne,
25 g Frühlingslauch,
15 – 25 g Olivenöl,
Salz, Pfeffer

Für den Glasnudelsalat:

1 Packung Glasnudeln,
Zitronenpfeffer,
Koriander, Teriyaki,
Sojasauce, Hoi-Siu-Sauce,
Orangenöl

Zubereitung

Entenbrust auf der Hautseite kross anbraten. Alle weiteren Zutaten in einer Schüssel miteinander vermi-schen, die lauwarme Entenbrust in diesem Fond 24 Std. ziehen lassen. Mango schälen, in kleine Würfel schneiden und mit Olivenöl, Salz, Pfeffer abschmecken. Roten Pfeffer, klein geschnittenen Frühlingslauch und Pinienkerne unterheben. Rohe Glasnudeln mit heißem Wasser übergießen, kurz ziehen lassen, mit kaltem Wasser abschrecken. Restliche Zutaten mischen und Nudeln darin marinieren, mit Salz abschmecken. Entenbrust aus dem Fond nehmen, tranchieren, an den Glasnudelsalat setzen. Eine Nocke Mangorelish bei-setzen und mit Salat garnieren.

WEINGUT REICHSGRAF UND MARQUIS ZU HOENSBROECH

**Weingut Reichsgraf und
Marquis zu Hoensbroech**

Hermannstraße 12
74918 Angelbachtal-Michelfeld

Telefon 07265/911034
Telefax 07265/911035

$\mathcal{S}$chon seit jeher spielt der Wein im Leben derer zu Hoensbroech eine bedeutende Rolle. 1398 erhielt „son aime chevalier Herman Hoen de Broec" für Verdienste in der Schlacht von Baesweiler einen Weinberg bei Maastricht. 1738 ging ein Weingut im Saarland in den Besitz der aus den Spanischen Niederlanden stammenden Familie über, deren Familienältester den vom spanischen König Karl II. verliehenen Titel „Marquis" tragen darf. Rüdiger Marquis und Reichsgraf von Hoensbroech studierte Weinbau, arbeitete für einige Zeit in Spanien und tauschte nach seiner Rückkehr die Saar zugunsten des lieblichen Kraichgau. Gemeinsam mit Ehefrau Maria hat er sich hier ein wahrlich idyllisches Refugium geschaffen. Das pastellgelbe Weingut, das sich harmonisch in die Weinberge einfügt, beherbergt Büro- und Wohnhaus und ist auch Heimat für die Hunde, Katzen und Pferde des sympathischen Win-

zerpaares. Umgeben wird das Anwesen von der renommierten Einzellage Michelfelder Himmelberg, die auf kalkhaltigem Lößboden anspruchsvolle, charakteristische Weiß- und Rotweine hervorbringt. Aus der Vorliebe des Grafen für Burgundersorten resultiert seine

Sortenauswahl: Weiß- und Grauburgunder, Chardonnay, Auxerrois, Riesling und Traminer sowie Spätburgunder, Schwarzriesling und Blauer Limberger gedeihen auf dem 17 ha großen Terrain aufs Beste. Der Ausbau dieser klassischen badischen Rebsorten erfolgt auf traditionelle, naturnahe Weise. Die Trauben werden völlig durchgegoren, weder Restsüße noch Most werden zugesetzt. Trockene, authentische Weine sind das Ergebnis, die Jahrgang, Sonnenstunden und Regentage unverfälscht wiedergeben. Damit der poröse Lößboden nicht abgeschwemmt wird, wurde der Weinberg natürlich begrünt. Inmitten von Apfelbäumen, hohen Hecken und Wildblumen haben sich nützliche Weinbergsbewohner angesiedelt, die chemische Schädlingsbekämpfung und künstliche Düngung weitgehend ersetzen. Qualität statt Quantität ist auch die Maxime im Keller, wo dem Wein statt einer komplexen Vinifika-

tion ausreichend Zeit für seine individuelle natürliche Reifezeit zuteil wird. Der Graf verzichtet auf einen Kellermeister und zeichnet für seine Weine selbst verantwortlich. Ehefrau Maria überwacht derweil die wichtige Arbeit im Weinberg. Nur vollreifes und gesundes Lesegut tritt den Weg in den Keller an, eine selektive Lese per Hand und viel Erfahrung sind oberste Priorität. Obwohl sie nicht aus einer Winzerfamilie stammt und sich ihr Wissen um den edlen Rebensaft erst durch die Arbeit im Weinberg aneignete, teilt sie die Leidenschaft und Hingabe ihres Mannes für hochwertigen – und dabei durchaus bezahlbaren – Wein. Als sich das Winzerpaar 1968 hier niederließ, war es ihnen ein Anliegen, qualitativ hochwertige Weine herzustellen, die ein gutes Essen harmonisch begleiten. Damals war diese „mediterrane" Sichtweise noch ungewöhnlich, inzwischen hat sich die

Wertschätzung für anspruchsvolle „Tischweine" auch hierzulande durchgesetzt. Und so finden neben Gastronomen und dem gehobenen Handel vor allem Privatkunden regelmäßig den Weg hinaus auf den Himmelberg. Eine gute Gelegenheit, die Hoensbroech'schen Weine kennen und schätzen zu lernen, bietet das Hoffest im Sommer, an dem auch einige internationale Weingüter ihre Kreszenzen vorstellen. Ein genussvoller Anlass, die Unterschiede zwischen diesen und den heimischen Gewächsen zu „erschmecken". Auch eine Weinprobe im stilvollen Weingut, eine Weinbergsexkursion oder zünftige Kutschfahrt mit Picknick im Weinberg verspricht ein wahrlich bacchisches Vergnügen auf dem Michelfelder Himmelberg!

HOTEL RESTAURANT SCHLOSS MICHELFELD

Hotel Restaurant
Schloss Michelfeld

Friedrichstraße 2
74918 Angelbachtal-Michelfeld

Telefon 072 65/91 99 00
Telefax 072 65/279

Ruhetag: Montag

Einen mehr als würdigen Rahmen verleiht Schloss Michelfeld dem gleichnamigen Hotel und Restaurant, das seit 1989 im einstigen Gutshof des Schlosses residiert.

Gastgeber René Gessler setzt dem anspruchsvollen Interieur mit seiner frischen badischen Küche, die sich von elsässischen Impressionen inspiriert präsentiert, noch die kulinarische Krone auf.

Stets bemüht er sich um die bestmögliche Qualität aller Grundprodukte. So reisen Kaninchen aus der Lüneburger Heide und Pilze aus Bayern nach Michelfeld. Viele der rund 250 internationalen Positionen der hervorragend sortierten Weinauswahl stammen aus dem Kraichgau und Baden.

Das exklusive, saisonal ausgerichtete À-la-Carte-Angebot, die Empfehlungen des Tages sowie anspruchsvolle Menüs voll lukullischem Esprit vereinen die Gaben dieser Region mit Gaumenfreuden aus aller Welt.

Die Bisque von Tiefseegarnelen mit Aiolicroûtons oder ein Carpaccio vom Angus-Rind in Trüffelmarinade und Löwenzahnsalat beginnen das lukullische Vergnügen. Alsdann muss die Entscheidung zwischen Medaillons vom Strauß in Tomatenkruste mit grünen Bohnen und Schupfnudeln, Loup de mer in Thymianbutter auf gebratenem Gemüse und wildem Reis oder australischem Lammrücken mit roter Zwiebelmarmelade, ligurischem Gemüse und römischen Nocken getroffen werden. Ein Kompott von Weinbergpfirsich mit Espressoeis oder Variationen von der Zwetschge beenden die kulinarische Weltreise.

Gespeist wird im lichtdurchfluteten Restaurant, das mit Eleganz und feinster Tischkultur wahren Schlosscharakter beweist. Der schöne Park vor der Tür erschließt sich von hier ebenso wie von der großen Terrasse. Auch die Banketträume verbreiten mit ihren intarsiengeschmückten Säulen und stilgerechter Ausstattung echte Schlosssaal-Atmosphäre und die große Kulturscheune zeigt sich als ansprechendes rustikales Pendant.

Dieses imposante Gebäude hat sich als Event-Stätte in der Region etabliert und ist zur Bühne für Live-Konzerte von Klassik bis Pop geworden, das mit einem begleitenden Menü vor dem Musikgenuss verbunden werden kann

Auch die sonntäglichen Brunches mit klassischer Musikbegleitung (am ersten Sonntag im Monat und an den Feiertagen) sind bei

Feinschmeckern in der Region äußerst beliebt.

Obwohl sich das Haus elegant und stilvoll präsentiert, verbreitet Familie Gessler eine herzliche Atmosphäre fern von steifer Etikette. Auch die großzügig geschnittenen Zimmer im romantischen Laura-Ashley-Stil (zum Teil mit Himmelbett), lassen inmitten des luxuriösen 4-Sterne-Komforts ein behagliches Wohlfühl-Ambiente für alle Sinne entstehen, das Lust zum Wiederkommen weckt.

Lasagne von Steinbutt und Lachsforelle

Zutaten

400 g Lachsforellenfilet, ohne Haut,
200 g Steinbuttfilet, ohne Haut,
Mehl,
Olivenöl,
Butter,
je 4 Stangen grüner
und weißer Spargel,
Salz,
Pfeffer, weiß,
Zucker, Cayenne,
Balsamico, weiß,
500 g Nudelteig,
1 Zitrone
Für die Sauce:
2 Schalotten, gewürfelt,
50 ml Fischfond,
100 g Sahne,
Noilly Prat

Zubereitung

Nudelteig mit einem Durchmesser von 10 cm rund ausstechen, in Salzwasser al dente kochen. In Eiswasser abschrecken, auf Küchenkrepp trocknen. Geschälten Spargel in Salzwasser blanchieren. Steinbutt in 4, Lachsforelle in 8 gleich große Stücke teilen, mit Zitronensaft beträufeln, salzen, leicht mehlieren, in Olivenöl unter einmaligem Wenden von beiden Seiten glasig braten.
Spargel halbieren, in Olivenöl bei schwacher Hitze leicht anbraten. Etwas Butter zugeben, mit Cayenne, Pfeffer, Zucker, Balsamico und Salz abschmecken. Nudelblätter in Butter erhitzen. Abwechselnd mit den Fischfilets anrichten. Spargel oben auflegen.
Schalottenwürfel in Butter anbraten, Fischfond, Sahne und Noilly Prat zugeben und das Gericht mit der Sauce abrunden.

RESTAURANT BLAUE ENTE

Und der kleine, romantische Balkon würde sich sogar Romeo und Julia mehr als würdig erweisen. Hat man sich für einen von Kerzenschein umspielten Platz entschieden, sollte man sich von der engagierten Gastgeberin bei der Speisenwahl beraten lassen.

Die Sizilianerin legt großen Wert auf eine kreative eigenständige Küche, die sich lediglich frischen Grundprodukten verpflichtet fühlt, sich sonst aber keine Regeln auferlegt. Wer sich nicht zwischen Köstlichkeiten wie Kalbsmedaillons in Gorgonzolasauce mit Tagliatelle, gegrilltem Schwertfisch mit frischem Gemüse oder Zander in Safransauce entscheiden kann, dem sei das 3-gängige Fleisch- oder Fischmenü empfohlen. Dazu werden in der Hauptsache italienische und im Besonderen sizilianische Weine kredenzt, welche die mediterranen Aromen aufs Beste hervorzuheben verstehen.

Bekannt ist das Haus vor allem für seine hausgemachten Nudelspezialitäten, die den Feinschmecker auf eine lukullische Reise gen Süden mitnehmen. Da gibt es Ravioli mit Ricotta-Spinat-Füllung und Steinpilzsauce oder gefüllt mit Brokkoli und Gorgonzola in Mascarponesauce sowie köstliche Agnolli di Pesce (mit Lachsfüllung) und Taglioni agli scampi.

Dem Wappentier des Hauses wird mit Entenbrust in Balsamicosauce, in der Mandelkruste oder mit Ananas in Brandy flambiert kulinarischer Respekt gezollt.

Oft verbringt Patrizia Latino den ganzen Tag in ihrer kleinen Küche, rührt das Haus-

Restaurant Blaue Ente

Sternweiler Straße 34
69242 Mühlhausen-Tairnbach

Telefon 0 62 22/6 38 87
Telefax 0 62 22/6 38 87

Ruhetag: Montag

Blaue Enten gibt es zwar keine im Restaurant von Patrizia Latino, doch wer eine italienisch-leichte Küche mit abwechslungsreichen, fantasievollen Gerichten schätzt, ist in Mühlhausen-Tairnbach genau richtig. Die liebenswerte Patronne wirbelt mit viel Charme und herzlicher Gastlichkeit durch ihr wunderschön gestaltetes Restaurant. Nicht nur die Spezialitäten auf dem Teller, auch der lauschige Innenhof sowie das wirklich sehenswerte edel-rustikale Interieur der einstigen Scheune verwöhnen das Auge des Betrachtes.

Man kann im urigen Gewölbekeller oder im oberen Stock Platz nehmen, der mit offenem Dachstuhl und zahlreichen liebevoll dekorierten Accessoires ein einmaliges Ambiente bietet.

Dressing an, bereitet frische Nudeln zu, backt knusprige Brötchen, die mit hausgemachtem Gewürzaufstrich vor dem Essen serviert werden – beim Thema Genuss überlässt die Chefin, ihres Zeichens selbst Köchin, nichts dem Zufall. Tatkräftige Unterstützung findet sie bei Küchenchef Franco, der ihre Ideen am Herd aufs Beste umzusetzen vermag.

Und die Gäste der Blauen Ente wissen diese perfekte Symbiose aus Service, Ambiente und Genuss auch sehr zu schätzen.

Entenbrust in Orangensauce
Für 1 Person

Zutaten

1 Entenbrust à 300 g,
Öl,
5 Orangen,
2 EL Mascarpone,
1 Schuss Grand Marnier,
1 kleine Zwiebeln,
1 TL Honig,
Butter,
süßer Senf,
Salz,
Pfeffer,
Paprika, süß,
Orangenfilets zum Garnieren

Zubereitung

Entenbrust mit Salz und Paprika würzen und mit Honig und süßem Senf bestreichen. In heißem Öl auf beiden Seiten rosa anbraten. Herausnehmen und im vorgeheizten Ofen bei 280 °C 10–15 Min. garen.

Zwiebel fein hacken, in Butter glasig dünsten. Orangen auspressen, Fruchtfleisch absieben, Saft mit Grand Marnier und Mascarpone in die Pfanne geben und zu einer cremigen Sauce verschlagen. Mit Salz und etwas Honig würzen.

Entenbrust tranchieren und auf dem Teller auf einem Orangensaucenspiegel anrichten. Mit filetierten Orangen garnieren und frisch gemahlenem Pfeffer verzieren.

Dazu werden in der Blauen Ente Gemüse der Saison, Rosmarinkartoffeln oder Pasta serviert.

CLUBRESTAURANT DES BADEN GOLF- UND COUNTRY-CLUB

sonsten natürlichen Landschaft heraussticht, sondern sich harmonisch in das idyllische, von sanften Hügeln geprägte Bild des Kraichgau einfügt. Erst wenn man die Spieler auf dem Grün entdeckt, weiß man sich am Ziel dieser interessanten Station der kulinarischen Entdeckungsreise angekommen. Hinter Östringen-Tiefenbach (achten Sie auf die wehenden Fahnen an der Straße) führt ein schmaler Weg hinaus zu dem sportlichen Areal, das einen 18-Loch-Meisterschaftsplatz sowie einen öffentlich zugänglichen 9-Loch-Platz umfasst, auf welchem jeder den Schläger schwingen kann, beim Schnupperkurs am Sonntag sogar gratis.

So wie der gepflegte, weitläufige Platz ein Teil der Landschaft geworden ist, so hat sich das Restaurant unter der Leitung von Gerhard Eichhorn seinerseits zu einer festen genussvollen Institution unter

Eines fällt dem Besucher gleich auf, wenn er den Baden Golf- und Country-Club besucht – nämlich dass dieser nicht sofort als künstlich angelegter Golfplatz in einer an-

Clubrestaurant des Baden
Golf- und Country-Club

Birkenhof
76684 Östringen-Tiefenbach

Telefon 07259/2373
Telefax 07259/2469

Ruhetag: Montag

den Golfern etabliert. Doch auch Wanderer, Radfahrer, Familien und kulinarisch Reisende sind in dem lichtdurchfluteten, rundum verglasten Restaurant mit seinem mediterranen Wintergartenambiente ganz herzlich willkommen.

Von intimer Club-Atmosphäre keine Spur, hier ist jeder Gast gern gesehen. Als Gerhard Eichhorn 1995 das damals neu erbaute Restaurant eröffnete, war dies ein Novum, doch inzwischen kommen neben den Golfern auch viele Stammgäste aus der Region, die Eichhorns regionale, ideenreiche Küche zu schätzen wissen und den Blick in die idyllische Landschaft sowie die herzlicher Gastfreundschaft des engagierten Service-Teams genießen.

Die Speisenauswahl reicht vom kleinen Snack bis zum erlesenen Menü. Das wöchentlich neu konzipierte Angebot richtet sich nach dem saisonalen Warenkorb und bereitet die jahreszeitlichen Highlights dieser Region einfallsreich auf, mal klassisch badisch, mal mit internationalem Gepräge. Dazu werden Weine aus Baden und dem Kraichgau im Besonderen kredenzt.

Der Sonntag ist einem ausgiebigen „Golferbrunch" gewidmet (Vorbestellung erforderlich) und auch ein sommerliches Barbecue

gehört zum kulinarischen Programm des Hauses. Wenn es draußen kalt wird, lädt Gerhard Eichhorn seine Gäste zum gemütlichen Adventskaffee mit Piano-Musik. Ob zur privaten Feier oder in fröhlicher Runde mit Golffreunden – die Atmosphäre ist locker und familiär und wird auch Nicht-Golfer überzeugen. Denn Sport, Genuss und Natur zeigen sich im Golf- und Country-Club als perfekt inszenierte Einheit.

Zanderfilet im Kartoffelmantel auf Paprikasauce

Zutaten

600 g Zanderfilet,
3 große Kartoffeln, geschält,
1 Eigelb,
frischer Thymian,
Zitronensaft,
Mehl,
Butterschmalz,
2 rote Paprika,
je 125 ml Fischfond,
trockener Weißwein,
Sahne,
2 EL Noilly Prat,
Saft 1/2 Zitrone,
1 Schalotte, gewürfelt,
1 EL Olivenöl,
1/2 Lorbeerblatt,
30 g Salzbutter,
1 EL geschlagene Sahne,
Salz, Pfeffer

Zubereitung

Kartoffeln grob reiben, auspressen, salzen, pfeffern und Eigelb untermischen. Zander in ca. 5 cm große Stücke schneiden, säuern, dann zuerst in Mehl und dann in der Kartoffelmasse wenden. Panade gut andrücken und in Butterschmalz goldbraun ausbacken. Paprika vierteln, entkernen, mit der Hautseite nach unten in einer Pfanne mit Olivenöl anbraten, bis sich die Haut löst. Abkühlen lassen, dann Haut abziehen und Paprika pürieren. Schalotte mit Fischfond, Weißwein, Noilly Prat und Lorbeerblatt in einem Topf einkochen. Lorbeer herausnehmen, Sahne zufügen und nochmals einkochen lassen. Püree und Salzbutter zugeben, gut aufmixen. Mit Salz, Pfeffer und Zitronensaft abschmecken und die Schlagsahne unterheben.

HOTEL-RESTAURANT ZUR STADTSCHÄNKE

**Hotel-Restaurant
Zur Stadtschänke**

Riegelgartenstraße 15
76703 Kraichtal-Gochsheim

Telefon 07 25 58/60 89-0
Telefax 07 25 58/60 89-19

Ruhetag: Montag

Die Großgemeinde Kraichtal besteht aus neun Ortsteilen, und die Kulinarische Entdeckungsreise führt nun nach Gochsheim. Im Graf-Eberstein-Schloss erfahren Sie viel Wissenswertes über die Historie dieser Region und anschließend lernen Sie im schönen Hotel und Restaurant Zur Stadtschänke auch Gochsheims kulinarische Seite kennen.
Von Irma und Philipp Herdle 1969 etwas außerhalb des Ortskerns (gut ausgeschildert) erbaut, bietet das Traditionshaus auch heute, unter der Leitung von Sohn Thomas und Ehefrau Lucia, eine authentische regionale Küche, die sich durch Frische, Qualität und viele hausgemachte Spezialitäten von frisch

geschabten Spätzle bis zur selbst gemachten Kräuterbutter auszeichnet.
Auch die dritte Generation hilft bereits tatkräftig mit, Tochter Michaela absolviert gerade ihre Lehre im elterlichen Betrieb und bringt den Gästen eine ebenso herzliche wie natürliche Gastfreundschaft entgegen wie Mutter Lucia, die als Hotelkauffrau ihre Gäste professionell und mit viel familiärem Charme betreut.
Wer in die gemütlichen Gasträume der Stadtschänke einkehrt, den erwarten regionale Köstlichkeiten aus Küche und Keller. Badische Weine ergänzen die gehobene Kraichgau-Küche, die Traditionsgerichte zeitgemäß

Geschmorte Lammkeule

Zutaten

1 Lammkeule, ca. 1 kg,
Für das Röstgemüse:
1 Sellerieknolle, 4 Karotten,
2 Zwiebeln
Außerdem
4 Knoblauchzehen,
1/4 l Weißwein,
1/2 l Fleischbrühe,
Thymian, Rosmarin, Majoran,
Salz, Pfeffer

Zubereitung

Lammkeule waschen, gut mit Salz und Pfeffer würzen, dann im Bräter von allen Seiten anbraten. Herausnehmen und beiseite stellen. Das in Würfel geschnittene Röstgemüse in den Bräter geben, anrösten und mit Fleischbrühe auffüllen. Dann die Lammkeule mit den ganzen Knoblauchzehen sowie den frischen Kräutern zurück in den Bräter geben.
Bei 180 °C für ca. 1/2 Std. schmoren, dabei das Fleisch des Öfteren mit Sud übergießen. Anschließend den Weißwein zufügen und den Ofen auf 90 °C herunterschalten, noch einmal für 1 Std. garen. Abschließend die Sauce durch ein Sieb streichen. Das Röstgemüse kann zum Fleisch gereicht werden.
Dazu serviert man in der Stadtschänke Salzkartoffeln und in Speck eingerollte Prinzessbohnen.

leicht und abwechslungsreich aufgreift und dabei stets den jahreszeitlichen Rhythmus heimischer Spezialitäten genussvoll wiedergibt.

Wild, eine besonders beliebte Spezialität der Stadtschänke, liefern Freunde der Herdles aus der eigenen Jagd, im Winter kommen herzhafte Gänse- und Entengerichte hinzu. Die Gemüsebeilage richtet sich nach dem saisonalen Warenkorb. Erst beim Einkauf auf dem Markt entscheidet Thomas Herdle, was er seinen Gästen am Mittag oder Abend auf dem Teller präsentiert, je nach Saison können mal Spargel oder Pfifferlinge, mal grüne Bohnen oder Rotkohl die Hauptrolle spielen.

Die Stadtschänke ist ein idealer Ausgangspunkt für Touren in die idyllische Natur, und auch der Europäische Wanderweg ist von hier aus gut zu erreichen.

Ihres Zeichens selbst Motorradfans, bieten die Herdles Bikerkollegen eigene Abstellmöglichkeiten und sogar einen „Freundschaftsbikerpreis" für die Übernachtung in den gemütlichen Zimmern, das umfangreiche Frühstücksbüfett natürlich inklusive.

Der Biergarten hinter dem Haus wurde kurzerhand an die Vorderseite verlegt und ist einem neuen Hoteltrakt gewichen, der noch

weitere hübsche Zimmer mit modernem Komfort bietet. Ob Sie nun per pedes, auf zwei oder vier Rädern anreisen: Die Stadtschänke in Gochsheim lädt mit einer herzlichen Gastfreundschaft zum Verweilen und Genießen ein.

KLOSTER MAULBRONN

Brunnenhaus und Kreuzgarten

Der Naturpark Stromberg-Heuchelberg, ein etwa 33 000 Hektar großes Naherholungsgebiet mit romantischem Charme, das von Karlsruhe, Heilbronn, Ludwigsburg und Pforzheim eingegrenzt wird, vereint malerische Landschaften, die geprägt sind von Wald und Streuobstwiesen, Weinbergen und historischen Städtchen und Gemeinden sowie kleinen Flussläufen und sanft geschwungenen Tälern.

Das wohl bedeutendste Kulturdenkmal dieser Region ist die von 1147 bis Mitte des 16. Jh.s erbaute Zisterzienserabtei Maulbronn. Die besterhaltene mittelalterliche Klos-

teranlage nördlich der Alpen wurde 1993 zum UNESCO Weltkulturerbe erklärt.

Sie vereint romanische bis spätgotische Stilelemente in sich, sehenswert sind die dreischiffige Klosterkirche, die Kirchenvorhalle („das Paradies"), die Brunnenkapelle, der Kreuzgang, das Herren- und das Laienrefektorium (Speisesäle) und der Klostergarten (Führung empfehlenswert). Das weitläufige Areal, das alljährlich Schauplatz der Klosterkonzerte und historischer Veranstaltungen ist, beherbergt auch Profanbauten wie die alte Apotheke, einige Restaurants sowie das Rathaus.

Nach der Reformation wurde eine Klosterschule eingerichtet, die heute noch als Evangelisches Seminar existiert und schon Jo-

hannes Kepler, Friedrich Hölderlin und Hermann Hesse zu ihren Schülern zählte. Bretten, die Geburtsstadt des Reformators und Humanisten Philipp Melanchthon, einem Weggefährten Luthers, zollt ihrem Sohn mit dem neugotischen Melanchthonhaus am Marktplatz Achtung, das, 1897 bis 1903 anstelle seines 1689 abgebrannten Geburtshauses erbaut, das zweitgrößte reformationsgeschichtliche Museum Deutschlands birgt. Hier machen auch der Marktbrunnen, von dem Kurfürst Friedrich II. herabblickt, sowie das Alte Rathaus auf sich aufmerksam, das in heutiger Form 1888 im Stil der deutschen Renaissance errichtet wurde.

Das stattliche Hotel Krone mit seiner prachtvollen Fachwerkfassade wurde nach dem 2. Weltkrieg nach alten Plänen maßstabsgerecht wiederhergestellt.

Beachtenswert sind auch das Bürgerhaus mit Arkaden und schönem Rundbogentor, das Hebererhaus von 1549 mit original erhaltenem Keller und Tonnengewölbe und zwei Fachwerk-Obergeschossen aus dem 18. Jahrhundert und das Gerberhaus, das älteste Wohnhaus der Stadt.

Das klassizistische Amtshaus verweist auf die über 600-jährige Geschichte als kurpfälzisches Oberamt (später badisches Bezirksamt), die erst 1936 ihr Ende fand.

Die evangelische Stiftskirche wurde St. Stephan und St. Laurentius gewidmet. Romanisch begonnen und gotisch vollendet, überdauerte sie alle Kriege. Ihr Turm war zuvor der Bergfried der Stadtburg der Herren von Bretten. An der Nordseite steht ein Sandsteindenkmal Melanchthons.

Auch die Luther- oder Kreuzkirche ist ob ihrer barocken Ausstattung sehr sehenswert. Von der mächtigen Stadtmauer ist nur der Pfeiferturm erhalten geblieben. Wer ihn erklimmt (Schlüssel im Rathaus/Stadtinfo), hat einen eindrucksvollen Ausblick.

Tipp: Von Bretten aus Abstecher ins Faust-Museum im nahen Knittlingen einplanen. Hier soll Doktor Faustus, der seine Seele dem Teufel verkaufte, geboren worden sein. In Oberderdingen vereinen sich badische und württembergische Weinlagen. Beachtenswert ist die 500-jährige Kelter, die mit fünf Bäumen ausgestattet war und von der Weingärtnergenossenschaft Oberderdingen noch heute genutzt wird.

Das hiesige Adelsgeschlecht erbaute den Herrenhof, aus dem sich, als die Region dem Kloster Herrenalb zufiel, eine große Anlage mit viel Grundbesitz entwickelte, der vom Amthof aus verwaltet wurde. Vor dem Eingang mit Torbogen und Torwächterhaus befinden sich Amtsschreiberei, Altes Rathaus (1772) und das Fachwerk-Gasthaus „Sonne-Ratskeller".

Das 1391 erbaute Amtsgebäude war Sitz des Klosterpflegers, nach der Reformation der des württembergischen Amtmannes. Aus dem Mittelalter in die Neuzeit gerettet haben sich die gut erhaltene Stadtmauer, der Hexenturm, der bis ins letzte Jahrhundert als Arrestzelle diente, und die Zehntscheune, heute Rathaus.

Die evangelische Laurentiuskirche von 1574 zeigte sich bis zur Renovierung 1998, die eine Balkendecke, Säulen an der Empore und Renaissance-Malereien hervorbrachte, schmucklos. Auf dem benachbarten Steinhaus errichtete man 1576 den dazugehörigen Glockenturm, der seit 1717 einen Spitzhelm trägt.

Kirchenvorhalle, das Paradies

Kreuzgang

Dreischaliger Brunnen

RESTAURANT GUY GRAESSEL

Der angenehm unkokette Küchenchef kredenzt ein täglich wechselndes 5-Gang-Überraschungsmenü, dessen Abfolge vom frischen Marktangebot bestimmt wird, das er dann für seine Gäste spielerisch leicht, aber ebenso kunstvoll und hoch professionell umsetzt. Ein Demeter-Hof liefert Gemüse, der eigene Garten frische Kräuter und Blüten, die dem Aroma, aber auch der Kunst auf dem Teller dienen. Ab und zu zieht es Guy Graessel in seine Heimat und dann wird der Straßburger Markt zum Ausgangspunkt für seine fantasievoll-lukullischen Ideen.

Statt hoher Auszeichnung sind ihm das Lob der Gäste und das Vertrauen, das sie in ihn setzen, wenn sie sich, ohne in die Karte zu sehen, auf seine Kreativität verlassen, Ehre und Dank genug.

Und so zeigt sich auch die kleine, erlesene À-la-Carte-Auswahl fast nüchtern-reduziert. Lassen Sie sich einfach überraschen, welche Gourmandisen sich hinter dem Lammrücken an Thymianjus mit mildem Knoblauchpüree und Gemüse, geschmortem Ochsenschwanz in Burgundersauce mit La Ratte Kartoffeln oder dem Zanderfilet auf Paprikapüree mit Gemüse und Risotto verbergen. Zum Ab-

Restaurant Guy Graessel

Karlsruher Straße 2
75015 Bretten-Diedelsheim

Telefon 072 52/71 38
Telefax 072 52/95 86 37

Ruhetage: Donnerstag und
Sonntagabend

Das Restaurant Guy Graessel in Bretten-Diedelsheim, das im Hotel Grüner Hof sein Zuhause gefunden hat, empfängt den Besucher mit einem eleganten, klar akzentuierten Ambiente. Erlesene Tischkultur, farbenfrohe Bilder und der schwarz glänzende Flügel ergänzen das harmonische Interieur und erzeugen ein stilvolles Wohlfühl-Ambiente, das sich dem kulinarischen Genuss aus Küche und Keller adäquat anpasst.

Der aus dem Elsass stammende Patron Guy Graessel bezeichnet seine Speisenauswahl als bodenständig und ist mit diesem Landstrich und seinen Gaben verwurzelt. Er kreiert seine Speisen mit viel intuitiver Inspiration „aus dem Bauch heraus", und sie machen auch nicht mit opulenten Namen auf sich aufmerksam, sondern brillieren durch ihren Geschmack und Einfallsreichtum.

Kaninchenkeule auf Rotkrautsalat mit glaciertem Gemüse

Zutaten

4 Kaninchenkeulen,
4 Lauchzwiebeln,
8 Scheiben mild geräucherter Schinken,
1 kg Rotkraut,
2 junge Knoblauchknollen,
je 1 Kohlrabi und Karotte,
4 Cocktailtomaten,
200 ml Brühe,
Estragon,
Basilikum (rot/grün),
Estragonessig,
Olivenöl,
1 EL Honig,
Salz, Pfeffer,
Für die Garnitur:
Blüten von Borretsch,
Mandarinensalbei,
Dill u. ä.

schluss verwöhnen Mirabellensülze auf Kaktusfeigensaft mit weißer Mousse au chocolat und Pfefferminz-Pesto, Limettenquarkschaum mit Zwetschgenpüree oder Bitterschokoladen-Mousse an Pepperonisauce und frischen Früchten den Gaumen. Das lukullische Feuerwerk wird von Weinen aus Deutschland und dem Elsass sowie weiteren französischen Positionen begleitet, die Ehefrau Birgit mit

charmanter Herzlichkeit kredenzt. Mit seiner authentischen Küche möchte Guy Graessel sowohl dem Geschäftsmann und dem Feinschmecker als auch den Brettenern eine kulinarische Heimat bieten. Eine Aufgabe, die er mit seiner echten Passion für unverfälschte Geschmackserlebnisse mehr als gelungen meistert.

Zubereitung

Kaninchenkeulen ausbeinen, mit klein geschnittenen Lauchzwiebeln füllen, salzen, pfeffern und mit dem Schinken umwickeln. Mit einem Bindfaden festbinden. Im auf 200 °C vorgeheizten Ofen 20 Min. braten.
Rotkraut fein schneiden, salzen und pfeffern. Estragonessig mit dem Estragon kurz aufkochen und warm über das Rotkraut gießen, mit Olivenöl abschmecken. Die ausgestochenen Karotten, Kohlrabi und die geschälten Knoblauchzehen in der Brühe mit dem Honig gar kochen, dann Flüssigkeit einkochen lassen und Gemüse glacieren.
Kaninchenkeulen auf dem Rotkraut anrichten, glacierten Knoblauch auf die ausgehöhlten Cocktailtomaten geben und mit Kohlrabi, Karotten und den Kräutern und Blüten garnieren.

RESTAURANT ALTE WEINSTUBE

**Restaurant Alte Weinstube
im Hotel Lindner**

Im Hemrich 7
75038 Oberderdingen

Telefon 0 70 45/96 33-0
Telefax 0 70 45/96 33-200

Ruhetag: Dienstag

In Oberderdingen treffen Kraichgau und die Kammwälder des Strombergs aufeinander und bieten dem Reisenden ein sehenswertes Landschaftsbild. Mit dem Restaurant Alte Weinstube hat das kleine Örtchen südöstlich von Bruchsal auch kulinarisch einiges zu bieten. Einst gehörte das Anwesen zum benachbarten Weingut Kern, das dem Restaurant den Namen „Alte Weinstube" verlieh und den hervorragenden Ruf des Hauses begründete.

Mit Gerd Lindner kam dann 1995 ein Küchenmeister mit erstklassiger Ausbildung in das Traditionshaus, und unter seiner Leitung etablierte sich eine anspruchsvolle regionale Küche. Drei Jahre später erwarb der engagierte Gastronom das Haus und eröffnete ein Hotel mit individuell gestalteten, von gemütlichem Wohnkomfort geprägten Zimmern. „Ich will das Einfache gut machen", umschreibt Gerd Lindner seine regional verwurzelte Küche, die mit vielen hausgemachten Schmankerln wie Nudeln, Eis, Parfaits und Sorbets aufwarten kann. Ein rustikaler Schwartenmagensalat mit Bratkartoffeln und gebratene Maultaschen sind auf der jahreszeitlich sowie regional ausgerichteten Karte ebenso zu finden wie ein Kalbsrückensteak mit Pilzrahmsoße, das, wie die geschnetzelte Rehkeule an Preiselbeerbirne, mit hausgemachten Eierspätzle daherkommt. Die Empfehlungen des Hauses rücken aber auch mediterran-verspielte oder asiatisch-exotische Variationen in den Fokus, wie die Rotbarbenfilets auf italienischem Kartoffelsalat, Lammrücken unter der Senfkruste auf jungem Lauch mit Risoléekartoffeln oder Puten-Piccata auf hausgemachten Spaghetti mit Tomaten-Kräuter-Soße eindrucksvoll beweisen. Fisch kommt in abwechslungsreichem Gewand auf den Tisch, mal als gebratenes Lachsfilet provençal mit hausgemachten Bärlauchnudeln, mal als gebratenes Zanderfilet im Reisblatt auf Chinagemüse. Am Mittag wird ein 3-Gang-Menü angeboten, das im Hauptgang die Wahl zwischen Fisch, Fleisch und einem vegetarischen Gericht lässt. Und im Sommer, wenn der Freitagabend zum Grillfest erklärt wird, kann es auf der großen Terrasse schon mal eng werden. Gerd Lindner bedient sich der hochwertigen Gaben seiner Heimat und kauft von Kartoffeln und Eiern bis zu Gemüse und Fleisch viele Produkte direkt beim Erzeuger. Auch seine Weinauswahl wird bestimmt von heimischen Tropfen aus Baden, Württem-

Rotbarbenfilets auf italienischem Kartoffelsalat
Für 8 Personen

Zutaten

16 Rotbarbenfilets,
Mehl,
750 g kleine, fest kochende Kartoffeln,
500 g Kirschtomaten,
100 g schwarze, mit Knoblauch
eingelegte Oliven,
je 2 Thymian- und Rosmarinzweige,
3 EL Weißweinessig,
1/2 TL Senf, mittelscharf,
Salz, Pfeffer,
6 – 7 EL Olivenöl

Zubereitung

Kartoffeln in der Schale gar kochen,
etwas ausdampfen lassen, pellen, vollständig abkühlen lassen und dann in
Scheiben schneiden.
Tomaten waschen, putzen, halbieren.
Oliven abtropfen lassen, halbieren und
entsteinen.
Kartoffeln mit Tomaten und Oliven
vermischen. Thymian und Rosmarin
von den Stielen zupfen und dazugeben. Essig mit Senf, Salz, Pfeffer und
Öl zu einer Marinade verrühren und
unter den Salat heben. Diesen nun
zugedeckt mindestens 10 Min. ziehen
lassen. Vor dem Servieren noch einmal
abschmecken.
Rotbarbenfilets mit Pfeffer und Salz
würzen, in Mehl wenden und von beiden Seiten kurz braten. Gemeinsam
mit dem Kartoffelsalat servieren.

berg und Oberderdingen selbst, sogar das
Bier stammt von einer kleinen Brauerei aus
dem Kraichgau. So beweist Gerd Lindner auf

geschmackvolle Weise und hohem Niveau,
dass sich der Kraichgau mit einer gehobenen
Küche aufs Beste verbinden lässt.

HOTEL KLOSTERPOST

Gleich vor den Toren des weltberühmten Klosters Maulbronn zeigt das Hotel Klosterpost den kulturbegeisterten Besuchern die kulinarische Seite des schwäbischen Städtchens. Das stattliche Gebäude, 1817 auf alten Fundamenten erbaut, fungierte früher als Postkutschenstation der Thurn- und Taxis'schen und der Königlich-Württembergischen Post und diente ab 1890 als Reichsposthalterei.

Heute beherbergen die barocken Fachwerkmauern ein gemütliches Hotel und eine mit ihrer schwäbischen Heimat verwurzelte renommierte Küche. 1992 erwarb der Maulbronner Rainer Betz das Anwesen und restaurierte es liebevoll und mit klarem Blick für die Geschichte. Die Geräume verweisen mit ihrer Holzvertäfelung und der edelrustikalen Ausstattung auf die Historie, während das Hotel unter der Leitung von Ulrike Herbinger den Charme der Vergangenheit mit zeitgemäßem Komfort zu verbinden weiß.

Küchenchef Rolf Herbinger inszeniert die gutbürgerliche Speisenauswahl ebenso stilsicher und professionell wie die gehobene Variation. Ob Vesper, schwäbische Schmankerln oder ein mediterran inspiriertes 5-Gang-Menü, ob saisonale Highlights von Pfifferlingen und Spargel bis zu Wild, Ente und Martinsgans, die Karte hält für jeden Geschmack und Anspruch etwas bereit.

Der Hermann-Hesse-Teller, ein gebratenes Brüstchen vom schwäbischen Landhuhn in Balthasar-Sprenger-Rotweinsauce mit glaciertem Wurzelgemüse und Steinpilznudeln, erinnert an einen der berühmten Gäste, die das Haus schon beherbergen durfte. Auch Joseph Viktor von Scheffel, Wilhelm Maybach und Theodor Heuß waren hier bereits zu Gast. Kein Zweifel, dass ihnen das Ochsenschwanzragout, in Trollinger geschmort,

Hotel Klosterpost

Frankfurter Straße 2 – 4
75433 Maulbronn

Telefon 0 70 43/108-0
Telefax 0 70 43/108-299

Forelle nach Art der Zisterzienser-Mönche
Für 1 Person

Zutaten

1 frische Forelle,
frische Kräuter nach Wahl,
Salz, Pfeffer,
Kräuterbutter,
Julienne aus Schalotten, Karotten,
Sellerie, Lauch,
je $^1/_4$ l Riesling und Fischfond,
1 Schalotte,
Olivenöl,
je 2 EL Crème double und Butter

Zubereitung

Forelle mit Salz und Pfeffer würzen,
mit einem Teil der Kräuter füllen.
Feuerfeste Form mit Kräuterbutter
ausreiben, Gemüsejulienne einstreuen
und Forelle hineinlegen. Die Hälfte des
Rieslings darüber gießen und einige
Butterflocken zugeben. Form mit
Alufolie abdecken und für 20 Min. im
auf 160 °C vorgeheizten Ofen pochieren.
Die Schalotte im Olivenöl glasig dünsten, Rest des Weines angießen und
reduzieren lassen. Nun mit dem Fischfond auffüllen und auf $^1/_3$ reduzieren,
dann Crème double hinzufügen. Das
Ganze langsam zu einer samtigen
Konsistenz einkochen.
Zum Abschluss etwas Pochierfond,
etwas Butter und die restlichen Kräuter zugeben und mit dem Stabmixer
aufschäumen.

mit Gemüsestreifen und Gnocci oder das
warme Schweinebäckle auf Linsen vorzüglich gemundet hätte.
Eine Reminiszenz an das benachbarte Kloster sind die gedämpfte Forelle (fangfrisch
aus dem hauseigenen Bassin) nach Art der
Zisterzienser-Mönche in Riesling-Kräuter-
rahmsauce und die „Maulbronner Klöster-
brätle", Rinder- und Schweinefilets in
Spitzmorchelsauce mit Broccoli und Man-
delbällchen. Die offenen Weine, die hier
standesgemäß im Henkelglas oder im Krügle
serviert werden, stammen sämtlich aus der
Region und werden durch französische und
italienische Flaschenweine ergänzt.
Wer zu den renommierten Klosterkonzerten
nach Maulbronn reist, dem offeriert das Haus
ein Arrangement mit Übernachtung, Kloster-
besichtigung, Konzertbesuch und einem
3-Gang-Menü. So vereinen sich Kloster,
Kultur und Kulinarisches im besten Sinne.

DAS NECKARTAL –

Der Neckar passiert auf seinem Weg bis zur Mündung in den Rhein bei Mannheim so manch malerisches Städtchen mit langer Geschichte und eindrucksvollen Kulturdenkmälern, blickt zu vielen trutzigen Burgen hinauf und windet sich um zahlreiche Kehren, die das Landschaftsbild malerisch geformt haben.

Stift Neuburg bei Heidelberg wurde 1130 als Niederlassung des Klosters Lorsch gegründet, verlor mit der Reformation jedoch seine Bedeutung. Bis der Frankfurter Rat Friedrich Schlosser, ein Neffe Goethes, es 1825 kaufte, ein Goethemuseum

einrichtete und es als „Romantikerklause" etablierte, die viele Künstler anzog.

Seit 1926 leben hier wieder Benediktiner, was Stift Neuburg zur einzigen lebendigen Tochtergründung des Klosters Lorsch macht. Neckargemünd überlebte alle Kriege des letzten Jahrhunderte beinahe unbeschadet. So erinnert noch immer ein malerisches Stadtbild mit prächtigen Fachwerkbauten an den Status als freie Reichsstadt.

Am Hanfmarkt wurde während des Katharinenmarktes (seit 1544) Flachs und Hanf verkauft. Hier steht das kleine Schilderhäuschen, das 1569 im fränkischen Fachwerkstil erbaut wurde.

Mit dem frühklassizistischen Karl-Theodor-Tor setzten die Bürger ihrem einstigen Kur-

fürsten ein würdiges Denkmal. Die katholische Pfarrkirche St. Johannes Nepomuk wurde 1894/96 im neuromanischen Stil erbaut. Die evangelische Pfarrkirche ist dem Heiligen der Fischer und Schiffer, St. Ulrich, geweiht. Die einschiffige spätgotische Kirche wurde 1520 fertig gestellt, im 18. Jahrhundert vergrößert, im 19. und 20. Jahrhundert schließlich regotisiert und umfassend restauriert.

Die 4-Burgen-Stadt Neckarsteinach ist die Heimat des bekannten Minnesängers Bligger von Steinach, seine Harfe ziert sogar das Stadtwappen. Fachwerk, verwinkelte Gässchen und historische Bauten wie das klassizistische Rathaus, die ehemalige Thurn- und Taxis'sche Post und die Rindenscheuer prä-

Bei Dilsberg

gen das Bild. Die kostbaren Kirchenfenster der 1482 errichteten evangelischen Kirche kann man jedoch nur im Landesmuseum Darmstadt bewundern.

In Hirschhorn, der „Perle des Neckartals", umschließt die Wehrmauer noch immer Altstadt, Burganlage und Karmeliterkloster. Der schönste Weg zur Burg führt durch die Fußgängerzone mit ihren vielen Fachwerkhäusern. Die trutzige Burganlage wurde ab 1200 erbaut, aber von den Hausherren, den Rittern von Hirschhorn, in den folgenden 400 Jahren mehrfach erweitert. Aus dem Palas wurde ein schönes Renaissanceschloss, in dem heute ein Hotel residiert. Unterhalb der Burg liegt das ehemalige Karmeliterkloster mit der spätgotischen Klosterkirche Mariä Verkündigung, die schöne Fresken und Wandmalereien birgt.

Die katholische Pfarrkirche hat man 1630 für die evangelischen Bürger erbaut, doch schon ab 1641 wurde sie rekatholisiert. Auf der anderen Neckarseite, im Stadtteil Ersheim, steht die älteste Kirche des Neckartals: St. Nazarius und St. Celsus, Grablege der Ritter von Hirschhorn. 773 erstmals erwähnt, wurde der heute erhaltene Vorchor

im 14., das Langhaus im 15. und die Sakristei im 16. Jahrhundert erbaut. Sehenswert sind das gotische Sakramentshäuschen, gotische Skulpturen sowie die Wand- und Deckenmalereien.

Die Stauferstadt Eberbach mit dem Eber im Wappen erlangte 1230 Stadtrechte. Von der einstigen Stadtbefestigung zeugen noch die vier Stadttürme: Pulverturm (mit Turmuhrwerken), Blauer Hut, Rosenturm, Haspelturm (Zinnfigurenkabinett). Ältestes Gebäude ist das Thalheim'sche Haus von 1401 mit schönem Stufengiebel. Gebäude wie das Alte Badhaus und das Bettendorf'sche Haus mit gleichnamigem Tor tragen zur Schönheit der Altstadt bei.

Das Heimatmuseum ist im historischen Rathaus am Alten Markt untergebracht.

Die neubarocke katholische Pfarrkirche wurde wie ihr nachklassizistisches evangelisches Pendant im 19. Jahrhundert errichtet.

HISTORISCHE GRIECHISCHE WEINSTUBE ZUR STADT ATHEN

Historische Griechische Weinstube zur Stadt Athen

Neckarstraße 38
69151 Neckargemünd

Telefon 0 62 23 / 22 85
Telefax 0 62 23 / 7 12 30

Ruhetag von November bis April:
Dienstag

Der Blick von der direkt am Neckar gelegenen Terrasse der Historischen Griechischen Weinstube zur Stadt Athen ist wirklich einmalig. Greifbar nah fließt der Fluss stetig dahin, auf der gegenüberliegenden Seite erheben sich die sanften Anhöhen des Neckartals mit der Feste Dilsberg – und auf dem Tisch erringt Erlesenes aus Küche und Keller des renommierten Traditionshauses mit dem ungewöhnlichen Namen die Aufmerksamkeit des Genießers. Das auffällig blaue Haus in der Altstadt Neckargemünds wurde um 1620 erbaut und trotzte den folgenden Jahrhunderten und allen Kriegswirren standhaft. 1806 erwarb Familie Beuttner das historische Haus und fortan blieb es in Familienbesitz. Als der aus Neckargemünd stammende griechische Konsul Theophil

Badische Kalbsröllchen mit Grünkernküchle

Zutaten

8 Kalbsschnitzel à 70 g,
200 g Kalbsbrät,
1 TL gehackte Kräuter,
200 g Zwiebeln, Sellerie, Karotten,
Speckschwarte, Tomatenmark,
0,2 l Weißwein,
0,5 l Kalbsfond,
$1/8$ l Sahne,
Rosmarin,
100 g Grünkerngrieß,
$1/4$ l Gemüsebrühe,
1 trockenes Brötchen,
1 Ei,
Weckmehl,
1 EL gehackte Zwiebel,
Butter,
Salz, Pfeffer,
gehackte Petersilie,
je 4 Käsescheiben und Salbeiblätter,
je 50 g Lauch-, Karotten- und
Selleriewürfel und ganzer gekochter
Grünkern

Julius Menzer 1875 aus seiner neuen Heimat ein Fass griechischen Weines mit an den Neckar brachte und hier ausschenken ließ, erhielt das bis dato als „Goldener Karpfen" bekannte Gasthaus seinen exotischen Namen, den es seitdem bewahrte und mit seinem leuchtend blauen Gewand unterstreicht. Noch heute sind eine Reihe von kulinarischen Reminiszenzen an diese Zeit auf der Speise- und Weinkarte zu finden. Doch der Hausherr Norbert Girnth, der das Haus 1970 von seinem Großvater Lukas Beuttner übernahm, hat sich mehr einer regional verwurzelten Küche verschrieben. Und so steht die Kurpfalz im Mittelpunkt seiner fantasievoll und variantenreich dargebotenen Küche und auch die Weinauswahl wird von den Weinbaugebieten Baden und Pfalz geprägt. Viele der Weine werden, wie es sich für eine Weinstube gehört, offen angeboten. Aktuelle Tagesgericht und wöchentlich wechselnde Karten erweitern die Stammkarte, die zweimal im Jahr neu zusammengestellt wird. Seit jeher treffen sich in den gemütlichen Stuben mit den Buntglasfenstern und dem idyllischen Innenhof, der von dem angrenzenden Fachwerkensemble harmonisch umrahmt wird, Studenten aus dem nahen Heidelberg, Politiker und Prominente, Einheimische und Touristen. Die rustikalen Holztische erzählen eindrucksvoll von langen,

gemütlichen Abenden, denn so manch ein Gast hat sich mit seinem Messer in der Tischplatte verewigt, und so reihen sich zahlreiche Namen, Jahreszahlen und Sprüche aneinander. Nicht minder interessant sind auch die über 200 Gästebücher des Hauses, die manch dankbares Wort über Küche und Keller preisgeben. Sie vereinen 120 Jahre Gastronomiegeschichte in literarischer Art und Weise. Für die zeitgemäße lukullische Präsentation sorgt derweil Norbert Girnth mit Anspruch und Qualität.

Zubereitung

Grünkerngrieß in Gemüsebrühe kochen, rühren, bis er sich vom Boden löst. Abkühlen lassen. In Butter gedämpfte Zwiebeln, Gemüsewürfel, Ei, Grünkern, in Wasser eingeweichtes und ausgedrücktes Brötchen zugeben, würzen, mischen und zu 4 Küchle formen. In Weckmehl wenden und in Butter braten. Mit Salbei und Käse belegen und überbacken. Gewürzte Schnitzel mit Kräutern und Brät bestreichen. Einrollen, mit Garn festbinden. Salzen, pfeffern und leicht anbraten. In gleicher Pfanne Röstgemüse, Speckschwarte und Tomatenmark anrösten, mit Wein mehrmals ablöschen. Abbinden, mit Kalbsfond auffüllen, Kalbsröllchen darin fertig garen, Sauce passieren, aufkochen, mit Sahne abrunden.

RESTAURANT ZUM SCHIFF

Restaurant Zum Schiff

Neckargemünder Straße 2
69239 Neckarsteinach

Telefon 0 62 29/324
Telefax 0 62 29/325

Ruhetage: Mittwoch und Donnerstag

Stolz thront das stattliche Restaurant Zum Schiff über dem Neckar und lenkt den Blick auf die vier Neckarsteinach umgebenden Burgen – Hinter-, Mittel- und Vorderburg sowie Burg Schadeck –, die man von hier aus gut erwandern kann.

Anschließend lädt das Restaurant Zum Schiff zum gemütlichen Verweilen ein. Karin Gärtner-Zantopp und Ehemann Christian Zantopp schreiben die Gastronomiegeschichte des Traditionshauses, das schon zur Zeit der von Pferdekraft gezogenen Treidelschiffe – auf die ein Gemälde am unteren Teil des Hauses

eindrucksvoll verweist – Gäste kulinarisch verwöhnte, in nunmehr sechster Generation erfolgreich fort.

Die frische, abwechslungsreiche Küche des Hauses zeigt sich tief mit ihrer Heimat verwurzelt. Sogar einen Vierburgenteller, den Küchenchef Christian Zantopp eigens für die Vierburgenkönigin von Neckarsteinach entwarf und der mit einem Schweinerückensteak mit Williamsbirne und Choronsauce, Brokkoliröschen und gebackenen Kartoffeln aufwartet, kann man auf der Karte entdecken. Je nach Saison ergänzen regionale Speziali-

täten von Pfifferlingen und Lamm bis zu Spargel und Wild die illustre, fantasievoll komponierte Speisenauswahl.

Die rosa gebratene Barbarie-Flugentenbrust an Orangen-Pfeffersauce wird begleitet von Dauphinkartoffeln, der Spanferkelrollbraten beeindruckt mit herzhafter Bärlauchfüllung, und gleich mehrere Spezialitäten der Region vereinen sich im Lammfilet an Stangenspargel mit Bärlauchbutter.

Fischliebhabern kredenzt Christian Zantopp, der sein Handwerk in der Schweiz und Heidelberg erlernte, nicht nur zu den alljährlichen „Neckarsteinacher Forellenwochen" feine Köstlichkeiten, auch sonst sind Schmankerln wie Cremesüppchen von der Räucherforelle oder Zander an dreierlei Soßen auf Blattspinat mit buntem Reis fester Bestandteil der Schiffs-Küche.

Dazu offeriert Karin Gärtner-Zantopp herzlich und charmant Weine von der Hessischen Bergstraße, der Pfalz, Baden und dem Kaiserstuhl. Mittags bieten die Zantopps auch kleine, preisgünstige Gerichte für die vielen Schiffstouristen an, die hier für eine Weile an Land gehen, um das Vier-Burgen-Städtchen zu erkunden.

Eine exotische Augenweide in den gemütlichen Gasträumen – und im Sommer auch auf der großen, zum Fluss hin gelegenen Terrasse – sind die üppigen, bis zu 40 Jahre alten Bonsais, das spezielle Hobby von Christian Zantopp.

Tipp: Am letzten Samstag im Juli findet die Vierburgen-Beleuchtung statt, ein besonderes Ereignis, das sich hervorragend mit einem Besuch im Restaurant Zum Schiff verbinden lässt!

Schweinemedaillons unter der Bärlauchkruste auf buntem Paprikagemüse

Zutaten

650 g Schweinefilet,
Öl,
200 g Butter,
300 g frischer Bärlauch,
150 g Semmelmehl,
1-2 Eigelb,
Salz, Pfeffer,
Zitronensaft
Für das Paprikagemüse:
3 Paprika, bunt,
$1/2$ Zwiebel,
Butter,
$1/4$ l Sahne,
Balsamicoessig,
Petersilie, gehackt

Zubereitung

Schweinefilet sauber parieren und in gleich große Stücke schneiden. In Öl kurz und scharf anbraten, dann aus der Pfanne nehmen. Butter schaumig schlagen, fein gehackten Bärlauch, Eigelb und Semmelmehl unterrühren, mit Salz, Pfeffer und Zitronensaft abschmecken, in Backpapier einrollen und kalt stellen.

Zwiebel und Paprika würfeln, Zwiebel in Butter glasig werden lassen, Paprika dazugeben und mitdünsten, mit Sahne ablöschen, etwas reduzieren lassen und mit den restlichen Zutaten abschmecken.

Kalte Bärlauchkruste in ca. $1/2$ cm breite Scheiben schneiden, auf die Schweinefilets legen, leicht andrücken und Filets im Backofen bei 120 °C fertig garen. Gemeinsam dekorativ anrichten.

CAFÉ KONDITOREI BÄCKEREI VIKTORIA

Café Konditorei Bäckerei Viktoria

Friedrichstraße 5 – 9
69412 Eberbach

Telefon 0 62 71/20 18
Telefax 0 62 71/7 21 92

$\mathcal{D}$ie Geschichte des bekanntesten Produktes der renommierten Konditorei Viktoria im Herzen Eberbachs, der Viktoria von Eberbach-Torte, ist ebenso einzigartig wie spannend. Im Jahr 1954 übernahm Heinrich Strohauer III. den 1886 von seinem Großvater gegründeten Familienbetrieb und eröffnete vier Jahre später das heutige Stammhaus in der Friedrichstraße. Mit der Einladung des schwedischen Königshauses zu einem Diner der weltbesten Konditoren begann dann eine einmalige Erfolgsgeschichte. Das Dessert mundete Heinrich Strohauer so gut, dass er eine Torte kreierte, die ebendiesen Geschmack wiedergab: Auf feinem Schokoladenbiskuit thront eine sahnige Mischung aus Orangensaft, Zitrone, Wein und Rum, die von Biskuitrouladenscheiben und Fruchtgelee ummantelt wird.

Da er es sich in den Kopf gesetzt hatte, Eberbach weltberühmt zu machen, nannte der Hobbyhistoriker dieses Kunstwerk Viktoria von Eberbach-Torte, denn er hatte herausgefunden, dass die einstige britische Monarchin in seiner Heimatstadt geboren worden, also eine waschechte Eberbacherin war. Doch damit nicht genug. Er schickte die Torte kurzerhand, gefroren und in Styropor verpackt, an Queen Elisabeth von England. Und ihr mundete die Torte so gut, dass sie dem Konditormeister in ihrem Dankesbrief „ewige Glückseligkeit" wünschte und noch heute bei wichtigen Feierlichkeiten ihren Gästen die Eberbacher Köstlichkeit servieren lässt.

Weitere royale Torten folgten. Etwa die Königin Silvia-Torte, anlässlich ihrer Hochzeit

cheren Styropormantel – weltweit versand.

Auch edle Pralinen, luftiges Gebäck, feine Stollen und Plätzchen umfasst das Angebot, das natürlich auch hier in Eberbach, im gemütlichen Café oder im romantischen Innenhof mit dem großen Portrait der Königin Viktoria, genossen werden kann.

Jeden 2. und 4. Sonntag im Monat veranstaltet das Viktoria-Team einen ausgiebigen Schlemmer-Brunch. Begleitet von Pianomusik stehen Themen wie Italien, Fußball-WM oder Olympiade auf dem Programm.

lässen prachtvolle mehrstöckige Hochzeitstorten.

Die Gäste genießen die harmonische Atmosphäre des Hauses, die besonders durch das stets herzliche und zuvorkommende Serviceteam um Birgit Strohauer-Valerius geprägt wird. Nicht nur die Kunden, auch die Mitarbeiter sollten sich hier wohl fühlen und die Philosophie des Hauses, das an 365 Tagen im Jahr geöffnet ist, weitertragen: Freude – Freiheit – Harmonie.

mit dem schwedischen König kreiert, die Whiskytorte England (25-jähriges Thronjubiläum der Queen) und die Geburtstagstorte zum 100. Wiegenfest der Königinmutter.

Heute leitet Tochter Birgit Strohauer-Valerius das erfolgreiche Familienunternehmen mit ebenso viel Engagement und Leidenschaft für das Handwerk wie der ambitionierte Vater.

Inzwischen werden die Kunstwerke des Konditorenhandwerks – tiefgekühlt und im si-

Für Verliebte gibt es im Februar den Valentins-Brunch und beim Familienbrunch schlemmen die Eltern, während ihre Kleinen in der Backstube erste Backerfahrungen sammeln. Und am Neujahrsmorgen heißt es ab 4 Uhr morgens: Katerfrühstück im Viktoria! Das Sortiment bietet auch außergewöhnliche Köstlichkeiten. Je nach Saison kommen schon mal Bärlauch- oder Rosentrüffel hinzu, eine Römertorte zu Ehren des Römerjahrs, im Winter preisgekrönte Christstollen und Baumkuchen und zu besonderen An-

Und so kommen die Menschen nicht nur hierher, um das kulinarische Angebot vom Frühstück über den herzhaften Mittagstisch bis zum gemütlichen Nachmittagskaffee zu genießen, sondern auch, um Freundschaften zu pflegen und eine kleine genussvolle Auszeit vom Alltag zu nehmen!

BURGENROMANTIK AM IDYLLISCHEN NECKAR

Schloss Horneck

Die Burgen und Ruinen am Neckar legen ein eindrucksvolles Zeugnis über eine bewegte Geschichte ab.

Die Burgenstraße bietet eine gute Orientierung für Ausflüge ins romantische Neckartal. Sie erstreckt sich von Mannheim bis Prag und verbindet Burgen und Schlösser in den unterschiedlichsten Regionen. Den Neckar begleitet sie bis Heilbronn, bevor sie sich in Richtung Nürnberg nach Franken verabschiedet. Hat man die Mühen des Aufstiegs hinauf zu den idyllisch gelegenen steinernen Bollwerken hinter sich gebracht, wird man mit einer fantastischen Aussicht belohnt. Auch die steilen, tief eingeschnittenen

Schluchten, die vom Neckartal abzweigen, erfreuen das Auge.

Die wildromantische Wolfsschlucht soll Carl Maria von Weber zum „Freischütz" inspiriert haben und die Felsformationen der Magaretenschlucht bieten ein einmaliges Naturschauspiel, das man nicht versäumen sollte.

Die stolze Bergfeste Dilsberg blieb aufgrund ihrer uneinnehmbaren Lage auf einem steilen Felskegel unzerstört. Sehenswert sind Kommandantenhaus, Zehntscheune, der 35 Meter tiefe Burgbrunnen und sein unterirdischer Stollengang.

Über Neckarsteinach wachen gleich vier Burgen, zwischen 1100 und 1230 errichtet. Älteste ist die Hinterburg, die von Bligger II. zu einer imposanten fünfeckigen Stauferanlage ausgebaut wurde, der 20 Meter hohe

Bergfried ist noch original erhalten. Neben dem Palas aus dem 13. Jahrhundert ist der Brunnen interessant, der in 18 Meter Tiefe einen Gang zur Mittelburg freigibt. Diese hat ihren wehrhaften Charakter mit Kernburg und trutzigem Bergfried zugunsten eines Renaissanceschlosses mit Säulengalerie und Bogenhalle fast ganz aufgegeben und wird gegenwärtig vom Freiherren von Warsberg bewohnt. Ihr heutiges Aussehen verdankt sie einer Regotisierung im 19. Jahrhundert, die dem Bergfried zu seinem Zinnenkranz verhalf, Türmchen und ein großes Treppenhaus anfügte.

Bergfried, Palas und Reste der Ringmauer der Vorderburg sind noch weitgehend erhalten, als ältestes Fenster gilt das Spitzbogenfenster im 2. Obergeschoss des Palas. Jüngstes der Burgengeschwister ist Burg

Schadeck, auch Schwalbennest genannt. Ihre zweiflügelige Schildmauer hat man direkt in den Berg hinein gebaut. Zwei Türme ragen gen Himmel, der achteckige Aufsatz des nördlichen wurde jedoch erst im 19. Jahrhundert aufgesetzt. Am wirkungsvollsten werden die vier Burgen bei der Burgenbeleuchtung am letzten Samstag im Juli in Szene gesetzt.

Eberbach kann ebenfalls auf gleich drei Burgen verweisen, die in unmittelbarer Nachbarschaft stehen. Die Vor-, Mittel- und Hinterburg mit Bergfried, Palas und Süd-Turm wurden vom frühen 12. Jahrhundert bis zur Mitte des 13. Jahrhunderts erbaut, aber schon ab 1403 geschleift.

Prächtig anzusehen ist die von den Grafen von Hochberg bewohnte Burg Zwingenberg. Die 1364 erbaute fünftürmige Anlage besteht aus Vor- und Hauptburg, umgeben von einer mächtigen Schildmauer aus dem 13. Jahrhundert. Im Innenhof sind die Wohngebäude aus dem 15. Jahrhundert, darunter die alte Kapelle mit wertvollen Malereien, und die neue Kapelle aus dem 18. Jahrhundert zu finden.

Bei Gundelsheim erhebt sich auf der einen Neckarseite Schloss Guttenberg, auf der anderen Schloss Horneck, einst Sitz der Deutschordensritter.

Die interessanteste Geschichte erzählt wohl Burg Hornberg bei Neckarzimmern. Sie gehörte dem legendären Götz von Berlichingen, dem Ritter mit der Eisernen Hand. 45 Jahre, bis zu seinem Tod im Jahr 1562, lebte er auf der 1184 erstmals erwähnten Burg.

In all den Jahrhunderten wurde sie stetig erweitert. Zu sehen sind Tore, Türme, Schild- und Ringmauer, Pferdestall und Wohnbau des Conrat Schott, die Palasse des Gerhard von Ehrenberg und der Herren von Berlichingen, die Burgkapelle und ein trutziger Bergfried.

Auch die Untere Burg, der älteste Teil der Anlage, ist noch immer erhalten. Die Burg ist, ebenso wie das Alte Schloss in Neckarzimmern, im Besitz von Baron Dajo von Gemmingen-Hornberg.

Eberbach

Burg Guttenberg

RALF'S BACKSTUBE

**Ralf's Backstube
Bäckerei-Konditorei & Café**

Allemühlerstraße 2
69412 Eberbach-Pleutersbach

Telefon 0 62 71 / 37 60
Telefax 0 62 71 / 94 67 61

Ruhetag: Mittwochnachmittag

Der Duft köstlicher Backwaren weht dem Besucher entgegen, wenn er die Tür zu Ralf's Backstube öffnet. Von Eberbach aus führt der Weg über die Neckarbrücke auf die andere Flussseite und dann hinauf zum Ortsteil Pleutersbach, an dessen Ortsausgang man rechter Hand auf die Konditorei-Bäckerei und das Café von Ralf und Diana Lutzki stößt.

Die Idee zu einem Café hatte sich bereits seit längerer Zeit in den Köpfen der beiden jungen und ambitionierten Konditorenmeister festgesetzt, und 2001 verwirklichten sie mit Ralf's Backstube ihren Traum. Sie haben es sich von Anfang an zur Aufgabe gemacht, ihren Kunden besonders die klassischen Torten und Kuchen zu kredenzen, die ge-

nauso schmecken sollten wie einst bei der Großmutter.

Das Sortiment umfasst all jene Spezialitäten, die traditionell zu einer guten Konditorei gehören. Wie feine Linzer oder Schwarzwälder Kirschtorte, cremiger Käsekuchen, luftige Plunderstückchen und köstlicher Hefe-Apfel- oder Apfel-Streuselkuchen. Höchste Qualität, beste Zutaten und natür-

Kunden zu schätzen wissen, die auch mal an der ein oder anderen Bäckerei vorbeifahren, um hier in Pleutersbach frische Brötchen, knuspriges Brot oder leckeren Kuchen einzukaufen.

Auch die einfallsreichen mehrstöckigen und

„Ein Tiefkühlhaus haben wir nicht, wir verarbeiten alles frisch und backen jeden Tag aufs Neue", versichert Diana Lutzki. Heutzutage ist das nicht mehr selbstverständlich, doch hohe Anforderungen an das

lich viel Sorgfalt und Handarbeit – das sind die Ingredienzien der süßen Köstlichkeiten aus Ralf's Backstube. Die traditionelle Zubereitung liegt den beiden sympathischen Konditoren besonders am Herzen, ihre altbewährten Rezepte garantieren ein unverfälschtes Geschmackserlebnis.

„Wir wollenl unser gesamtes Sortiment in der bestmöglichen Qualität anbieten", meint Ralf Lutzki selbstbewusst. Fertigprodukte und künstliche Aromen haben daher keine Chance. Frischer Odenwälder Quark und feine Sahne aus der Hüttenthaler Molkerei sowie gute Butter spielen in der Backstube die Hauptrolle. Die Nüsse für die köstlichen Nusshörnchen werden frisch gemahlen, der Hefeteig bekommt seine Ruhe, die er benötigt, um „zu gehen", und nur hochwertige Kaffees werden zu den Leckereien serviert – Qualität, die man schmeckt und die all jene

kunstvollen Hochzeitstorten der Lutzkis sind in der Region sehr beliebt.

Das Café zeigt sich hell, klar und modern eingerichtet. Im Sommer bietet die Terrasse lauschige Plätze im Freien, und der Garten hinter dem Haus lädt alle kleinen Gäste zum Spielen ein.

Ralf Lutzki erweitert und verändert sein Sortiment häufig, um Abwechslung zu garantieren. Denn viele Eberbacher kommen regelmäßig zu Kaffee und Kuchen oder zum Frühstücken hierher. Auch Fahrrad-Touristen, die den nahen Neckar-Radweg erkunden, Wanderer und Ausflügler erholen sich bei einem guten Stück Kuchen, bevor die Reise entlang des sehenswerten Neckartals weitergeht. Und wenn in der Region ein großes Fest gefeiert wird, dann dienen die Backwaren der Lutzkis häufig als kulinarischer Begleiter.

gesamte Team, Kompetenz in allen Bereichen und ein faires Preis-Leistungsverhältnis sind die Betriebsgrundsätze seit der Betriebsgründung vor acht Jahren. Gemeinsam mit einem Bäcker und zwei Lehrlingen setzen Ralf und Diana Lutzki diese kundenfreundliche Philosophie Tag für Tag gelungen um – und wenn der Duft frischen Apfelkuchens beim Abschied die Nase sanft umweht, entsteht sofort der Wunsch, recht bald wiederzukommen.

NECKARGERACHER TRUTHAHNSPEZIALITÄTEN

Die faltige Haut wird blau-rot, der Nasenfaden verlängert sich, die Federn werden gespreizt – es sieht beeindruckend aus, wenn Truthähne ihr Imponiergehabe an den Tag legen. Familie Gröhl zeigt sich davon längst unbeeindruckt, schließlich züchtet sie das Federvieh bereits seit 30 Jahren. Aus dem Bauernhof (im Neckargeracher Ortsteil Eisenbusch) mit Milchwirtschaft hat sich ein moderner Truthahn-Zuchtbetrieb entwickelt. Die Puten kommen als Eintagsküken auf den Hof und werden bis zur Schlachtreife circa 20 Wochen umsorgt und groß gezogen. Ausreichend Platz, damit die Tiere scharren, picken und ausruhen können, genügend Frischluft, frisches Futter und Wasser sind dabei selbstverständlich. Der hofeigene Ackerbau liefert sogar einen Großteil des Futters zu.

Im Schlachthaus gleich nebenan schlachtet Gunter Gröhl circa 100 Tiere pro Woche. Die nächsten Tage ist er dann, gemeinsam mit einem Metzger und seinem Team, mit der Herstellung der umfangreichen Palette an köstlichen Fleisch- und Wurstspezialitäten beschäftigt. Über 60 Wurstsorten werden in dem lichtdurchfluteten Verkaufsladen angeboten. Knusprige Frikadellen und feurige Hackbällchen, Blut-, Leber- und Fleischwurst, Aufschnitt, Salami, Sülze und Schinken – um den Kunden immer etwas Neues zu bieten, lassen sich Gunter und Gaby Gröhl stets neue Wurstkreationen einfallen.

Hinzu kommen feine Fleischspezialitäten. Je nach Saison mal würzig eingelegtes Grillfleisch und knackige Würstchen, dann wieder einfallsreich gefüllte Rollbraten oder Teile von der Pute zum Backen, Grillen und Schmoren. Im Winter werden eigens sog. Babyputen für den Weihnachtsbraten gezüchtet.

Jeden Samstag sind die Gröhls mit ihren Truthahnspezialitäten auf dem Wochenmarkt in Mosbach zu finden und auch einige Gastronomen der Region gehören zu ihren Kunden.

Vor 15 Jahren kam noch ein Gehege mit Dam- und Rotwild hinzu. Je nach Laune oder Wetterlage können sich die scheuen Tiere in den Wald zurückziehen oder hinauf zum überdachten Futterplatz auf dem Hof kommen. Ab Herbst gibt es dann frisches Wild im Laden zu kaufen.

Wenn eine Feier ins Haus steht, dann stellt Familie Gröhl nicht nur köstliche Büfetts,

Neckargeracher Truthahnspezialitäten

Eisenbusch 1
69437 Neckargerach-Eisenbusch

Telefon 0 62 63/92 64
Telefax 0 62 63/18 45

Hofladen freitags 10 – 18 Uhr geöffnet

Putenröllchen „Thessaloniki"

Zutaten

4 dünn geschnittene Putenbruststeaks
à 180 – 200 g,
500 g frischer Blattspinat oder
Mangold,
200 g Crème fraîche,
200 ml Sahne,
300 g Schafskäse,
100 ml Weißwein,
2 Zwiebeln,
3 Knoblauchzehen,
Salz, Pfeffer,
Muskat,
Paprika,
4 EL Olivenöl

Zubereitung

dessen Highlight im Ganzen geräucherte Puten sind, zusammen und liefert diese frei Haus. Der umgebaute „Alte Putenstall" bietet mit seinem rustikalen Ambiente auch einen adäquaten Rahmen für Festlichkeiten

hier auf dem Hof. Dann sorgt ein eigens engagierter Koch für die kulinarische Verarbeitung der Neckargeracher Truthahn- und Wildspezialitäten in Form von köstlichen Menüs und Büfetts.

Zwiebeln schälen und in feine Streifen schneiden, Blattspinat gründlich waschen, Schafskäse in ca. 1 cm große Würfel schneiden. Zwiebeln in Olivenöl anbräunen, Blattspinat dazugeben und ca. 3–4 Min. dünsten, dann mit Weißwein ablöschen. Sahne, Crème fraîche und klein gehackte Knoblauchzehen dazugeben, mit Salz, Pfeffer und Muskat würzen und etwa 10 Min. einkochen lassen. Nun den Schafskäse zufügen. Putensteaks mit Salz, Pfeffer und Paprika beidseitig würzen und mit der Spinat-Käse-Mischung bestreichen. Zu einer Roulade zusammenrollen und im vorgeheizten Backofen bei 220 °C etwa 20 Min. backen.
Dazu passen Bratkartoffeln, griechische Nudeln oder ein körniger Dinkel-Bulgur.

Im 9. Jahrhundert siedeln sich um das Benediktinerkloster Monasterium Mosebach Bauern, Händler und Handwerker an, ein Gemeinwesen entsteht, das stetig wächst, 1241 zur Stadt erhoben und im 15. Jahrhundert sogar zur Residenz der Pfalzgrafen Otto I. und Otto II. erkoren wird. Es folgt die Ernennung Mosbachs zur kurpfälzischen Oberamtsstadt.

In dieser prosperierenden Zeit entstehen um den Marktplatz und entlang der Hauptstraße farbenprächtige Fachwerkbauten. Das wohl schönste ist das Palm'sche Haus mit prachtvoller dreigeschossiger Fachwerkfassade und imposantem Erker.

Das Renaissance-Rathaus wurde 1554–58 erbaut. Vom 34 Meter hohen Rathausturm hat man die schönste Aussicht über die Stadt. Von hier aus ruft das „Lumpenglöckle", das einst der verirrten Pfalzgräfin Johanna den Weg in die Stadt wies, heute die Mosbacher des Nachts zur Ruhe. Gegenüber ragt die spätgotische simultane Stiftskirche gen Himmel. Die Scheidemauer im Inneren der dreischiffigen Basilika, ein Ergebnis der Reformation, trennt den katholischen Chor (mit dem bronzenen Grabdenkmal der Pfalzgräfin Johanna) und das evangelische Kirchenschiff.

Das sehenswerte Stadtmuseum zeigt Wissenswertes über die Geschichte der Kreisstadt. Es hat seine Heimat in einigen der schönsten Gebäude der Altstadt gefunden. Zum Beispiel im Alten Hospital (15. Jh.), das den Alten und Armen als Unterkunft diente, oder im winzigen Fachwerkbau Haus Kickelhahn von 1788 (Wohnkultur im 18./19. Jh.). Sehenswert sind auch das Salzhaus aus dem 15. Jahrhundert, Mosbachs ältestes Fachwerkhaus, und die Gutleutanlage mit Gutleuthaus, Elendshaus und spätgotischer Kapelle mit hübschen Wand- und Deckenmalereien.

Das Hotel Zum Lamm hat seine Heimat in einem pittoresken Fachwerkhaus aus dem 16. Jahrhundert mitten in der historischen Mosbacher Altstadt gefunden. Seit vielen Jahren ist das gastliche Haus der Familie Pröger eine anerkannte Adresse für eine regionale, bodenständige deutsche Küche. Seit 2001 führt Biserka Lindner das Lamm im Sinne der Gastronomenfamilie weiter und bietet neben gutbürgerlichen Gerichten auch ungarische Spezialitäten aus ihrer Heimat.

Während viele Mittagsgäste gern das Angebot des preiswerten Tagesgerichts in Anspruch nehmen, bleibt am Abend mehr Zeit und Muße für die Köstlichkeiten von Küchenchef Michael Göll. Neben würzigen Wildgerichten, frischen Fischspezialitäten und saisonalen Highlights von Spargel bis Pfifferlingen gibt es auch ein abwechslungsreiches vegetarisches Angebot.

Das Fleisch stammt von der hauseigenen Metzgerei gleich nebenan, die nur Tiere aus der Region verarbeitet – eine gelungene kulinarische Kombination, wie Feinschmecker wissen.

Obst, Gemüse sowie die Salate für das ansprechende Salatbüfett kauft Biserka Linder auf dem Mosbacher Wochenmarkt.

Die gemütlichen Zimmer des Hotels laden zum längeren Verweilen in der historischen Altstadt ein. Und das üppige Frühstücksbüfett am nächsten Morgen garantiert einen perfekten kulinarischen Start in den neuen Urlaubstag.

Hotel Zum Lamm

Hauptstraße 59
74821 Mosbach

Telefon 0 62 61/89 02 - 0
Telefax 0 62 61/89 02 - 91

LANDGASTHOF ZUM OCHSEN

Im Mosbacher Stadtteil Nüstenbach ist gleich neben der Dorfkapelle ein Landgasthof zu finden, der auf eine über 100-jährige Geschichte zurückblickt und zugleich mit einer zeitgemäßen, anspruchsvollen Küche genussvoller Teil der Gegenwart ist.
1993 hat sich ein weit gereistes Gastronomenpaar in dieser dörflichen Idylle niedergelassen. Achim Münch und seine aus New York stammende Ehefrau Heyley arbeiteten in renommierten Häusern in Deutschland,

der Schweiz und den USA, bis sie mit dem Ochsen den Sprung in die Selbstständigkeit wagten und ein edel-rustikales Ambiente schufen, das die Vergangenheit als Dorfgasthaus stilvoll bewahrt.
Seither macht der Eurotoque-Chef mit seiner eigenständigen, kreativen Kochkunst auf der Basis regionaler Produkte aus kontrolliert ökologischem Landbau beziehungsweise von Landwirten aus der Nachbarschaft auf sich aufmerksam. Zum einen mit der Heimat verwurzelt, verweist die lukullisch verspielte Variation aber auch auf die internationale Erfahrung des Küchenchefs. Das mit Kräuterweichkäse gefüllte Rinderfilet wird von Speck-Pfifferlingen und Kartoffel-Gratin begleitet, die Entenbrust bettet sich zwar auf heimisches Kohlrabigemüse, zeigt sich aber mit Portweinsauce und Nudeln im südlichen Gewand. Das gegrillte Heilbuttfilet kommt mit Zucchinigemüse und einer Pernod-Safransauce auf Nudeln daher. Das Linsensüppchen wird mit gebratenen Thunfischwürfeln und Speck extravagant verfeinert.
Ein regional verwurzeltes 3-Gang- und ein 6-gängiges Gourmet-Menü präsentieren die Gourmandisen der Ochsen-Küche als lukullische Zusammenfassung. Hinzu kommen länderspezifische Themenwochen, die den Gast kulinarisch nach Mexiko, in die Toskana oder ins Piemont entführen. Wein und Genuss zeigen sich nicht nur in der Weinstube „Zum Lumpenglöckle" oder bei den

Landgasthof Zum Ochsen

Im Weiler 6
74821 Mosbach-Nüstenbach

Telefon 0 62 61 / 1 54 28
Telefax 0 62 61 / 89 36 45

Ruhetag: Dienstag

134

Hirschrücken im Pistazienmantel

Zutaten

500 g Hirschrückenfilet,
300 g Geflügel- oder Kalbsbrät,
100 g Pistazien,
ca. 150 g Sahne,
Salz, Pfeffer,
frischer Thymian,
2 cl Cognac,
1 Schweinenetz

Zubereitung

Den Hirschrücken rundum kurz anbraten und abkühlen lassen. Pistazien in einer Pfanne ohne Fett kurz anrösten, dann fein hacken. Gehackte Pistazien, Thymian, Cognac, Salz, Pfeffer und die flüssige Sahne mit dem Brät gut vermischen.
Schweinenetz gut säubern (wässern), trocken tupfen und die Farce ca. 1 cm dick aufstreichen. Nun den Hirschrücken in das Netz einwickeln und im vorgeheizten Ofen bei ca. 170 °C je nach Dicke 12 – 15 Min. braten.

kulinarischen Weinproben mit Winzern aus der Region als harmonisches Paar, auch sonst wartet das Haus mit einer 150 internationale Positionen umfassenden Weinkarte auf.

Wer am 31. Oktober nach Nüstenbach reist, den erwartet ein schaurig-schönes Halloween-Menü mit gruseligen Gaumenfreuden als Reminiszenz an die Heimat von Heyley Münch.

Das Haus verfügt sogar über ein Doppelzimmer für jene, die den Heimweg nicht mehr antreten möchten.

Das besondere Hobby der Münchs „versilbert" das kulinarische Vergnügen auch optisch. Die beiden sammeln nämlich edles Silber, vom Besteck über Leuchter bis zum Salzstreuer. Auch ein erlesenes Stück aus dem legendären Waldorf Astoria in New York ist zu bewundern. Was schon Guggenheim und Rockefeller erfreute, das schätzt auch der Gast im schönen Ochsen …

KUBACH'S VITAL

$\mathcal{D}$er Hinweis „Lebensmittel und Feinkost vom Erzeuger" führt zu Kubach's Vital in Mosbach. Das schöne Ladengeschäft von Elvira Kubach hat viel zu bieten. Es ist Feinkost- und Naturkostgeschäft, verströmt den liebenswürdigen Charme eines Tante-

sche Lebensmittel-Abteilung sowie Milchprodukte, eine kleine Weinauswahl und sogar Körperpflegeprodukte – das Angebot, das die gelernte Restaurantfachfrau Elvira Kubach seit 1997 anbietet, ist vielfältig und abwechslungsreich. Zu Beginn wollte sie

Kubach's Vital

Hauptstraße 63
74821 Mosbach

Telefon 0 62 61/54 71
Telefax 0 62 61/54 75

Emma-Ladens und erinnert mit frischem Obst, Gemüse, Salat und Kräutern von Erzeugern aus der Region an einen Bauernhofladen.
Die große Frischetheke bietet regionale Käsespezialitäten, vor allem Schafs- und Ziegenkäse, sowie frische Wurst-, Schinken- und Fleischwaren von einem Putenhof der Umgebung.
Italienische Antipasti, kandierte Früchte, Tee und Gewürze, Kaffee aus fairem Handel, hausgemachte Nudeln, Essig und Öl, Honig und Marmelade, eine umfangreiche asiati-

hier nur die Pilze aus der Zucht ihres Bruders Arno anbieten sowie hiesigen Bauern neben der Selbstvermarktung eine weitere Verkaufs-Plattform eröffnen. Allmählich kamen das Feinkostsortiment und schließlich, auf Anregung der Kunden, auch die Bio-Abteilung hinzu, die heute den größten Teil des Angebotes ausmacht.
Viele Kunden leiden unter Unverträglichkeiten und Allergien. Diese Menschen finden in herkömmlichen Supermärkten kaum Lebensmittel, die den Alltag erleichtern. Bei Kubach's Vital gibt es Brot und Brötchen

aus Dinkel, Lebensmittel von Bioland- oder Demeter-Betrieben und sogar Bio-Überraschungseier kann man hier entdecken. Häufig kommen die Kunden mit Anregungen und Wünschen auf Elvira Kubach zu. Dieser kommunikative Austausch ist ihr sehr wich-

men und umstrukturiert hatte. Doch nicht etwa der gemeine Champignon lag ihm am Herzen, er züchtete die aus Asien stammenden Shitake-Pilze. Der exotische, äußerst gesunde Pilz war damals noch weitgehend unbekannt in Deutschland, heute hat er sich

cheln an, die sie von Kollegen zukaufen. Auf zirka 2000 Quadratmeter Fläche werden in den relevanten Monaten von Oktober bis Mai bis zu 1,8 Tonnen Pilze pro Woche verkauft: an Einzelhändler, die ge-

tig. Gern nimmt sie sich Zeit für eine umfassende Beratung, denn sie weiß, dass viele ihrer Stammkunden gerade darum zu ihr kommen, weil sie auch ausgefallene Kundenwünsche zuvorkommend und mit viel Engagement erfüllt. Selbst in ihrer Freizeit informiert sie sich regelmäßig über neue Trends und wissenschaftliche Erkenntnisse. Die Pilze von Arno Kubach sind noch immer eine begehrte Delikatesse im Laden. Vor nunmehr zehn Jahren begann er mit dem Anbau von Pilzen, nachdem er die Landwirtschaft seiner Schwiegereltern übernom-

jedoch einen festen Platz in der modernen Küche sowie der gehobenen Gastronomie erobert. Austernpilze, Kräuterseitlinge und Goldkäppchen erweiterten das Sortiment. Die neueste Delikatesse ist der Pon Pon Blanc, wegen seines krausen, hellen Aussehens auch Igelpilz genannt.
Was zu Beginn noch im eigenen Waschkeller begann, etablierte sich erfolgreich; ein Partner stieg in das expandierende Geschäft ein und die beiden Pilzspezialisten bieten nun auch weitere Sorten wie Champignons, Steinpilze, Pfifferlinge und Mor-

hobene Gastronomie und auf dem Großmarkt. Ein Wochenmarktstand bietet auch Feinschmeckern nun die Möglichkeit, die köstlichen Pilze zu erwerben.
Und natürlich kann man die Edelpilze auch weiterhin in Kubach's Vital bekommen.

Gasthof-Destille Eisenbahn

Am Bahnhof Neckarelz
Kantstraße 29
74821 Mosbach-Neckarelz

Telefon 0 62 61/73 14
Telefax 0 62 61/6 92 45

Die kulinarische Entdeckungsreise macht Station am Bahnhof in Neckarelz, im Gasthof-Destille Eisenbahn, der seit 1898 in der gastronomischen Obhut der Familie Bulling liegt. Der Name verweist auf eine lange Brenntradition, denn die Obstabfindungsbrennerei der Bullings ist seit jeher fester Bestandteil des Hauses. Ernst Bulling lernte bereits mit zehn Jahren vom Großvater die Kunst des Destillierens. Heute bilden das Obst der eigenen Streuobstwiesen sowie Wildfrüchte aus der Region die hochwertige Basis für die mehrfach ausgezeichneten Edelbrände, die Ernst Bulling in einem möglichst schonenden Brennvorgang destilliert, der dem Brand später ein pures, volles Fruchtaroma garantiert. So entstehen köstliche Edelbrände, Geiste und Liköre durch die erfahrene Hand des Brennmeisters, der sich als engagiertes Mitglied der grenzüberschreitenden Vereinigung „Odenwälder Edelbrenner" der Pflege der traditionellen Obstbrandkulturen in der Region Odenwald verschrieben hat. Neben Klassikern wie Williams Christbirne, Quitte, Mirabelle, Kirsche und Schlehe, Holunder, Brombeere und Wildkirsche sind auch ausgefallenere Sorten im Programm, z. B. Grappa à la Bulling, Kerner und Schwarzriesling Traubenbrand, Alte Pflaume und Pfirsichbrand, Zibartenwasser, Weißdorn- und Vogelbeerbrand, Bärlauch- und Kräutergeist, Blutwurz, Zimt- und Zigarrenschnaps. Was hinter Dampfross und Eisenbahner Traum steckt, sollten Sie selbst herausfinden! Regelmäßig veranstaltet Ernst Bulling geistvolle Events: Schaubrennen, Schnapsproben mit Vesperbüfett oder begleitendem Menü und hochprozentige Schnaps-Menüs mit Gerichten, die seine Edelbrände kulinarisch aufgreifen. Wie gut, dass man anschließend den kurzen Weg zu den gemütlichen Zimmern des Hauses antreten und die Heimfahrt auf den nächsten Tag verschieben kann. Neben dem

Brennen kümmert sich der Hausherr um den weithin bekannten Catering-Service, der von der Familienfeier über das Betriebsfest bis zur Zeltbewirtung jedes Fest kulinarisch kompetent begleitet. Die Küche ist das Reich von Ehefrau Lore Bulling. Hier verwandelt sie die Produkte ihrer Heimat in eine abwechslungsreiche, mal saisonal, mal international variierte gutbürgerliche Speisenauswahl. Empfehlungen und ein aktuelles Tagesangebot bringen viel Abwechslung in die Karte, die Hausmannskost und traditionelle Gerichte ebenso umfasst wie regionale Spezialitäten.

Mosbach-Neckarelz

Entenbrust in Orangen-Kirschwasser-Sauce mit Erbspüree und karamellisierten Karotten

Zutaten

4 Entenbrüste,
2 EL Öl,
1/4 l Orangensaft,
2 cl Kirschwasser,
Butter,
1 kleine Zwiebel,
500 g frische grüne Erbsen,
4 EL Sahne,
2 EL Petersilie, gehackt,
4 Karotten,
1/8 l Mineralwasser,
1 Prise Ingwer,
Dill,
Pfeffer, Salz,
Zucker

Zubereitung

Die Entenbrüste waschen und parieren, pfeffern und salzen, in einer Pfanne mit heißem Öl beidseitig anbraten, herausnehmen und für 20 Min. bei 180 °C in den Ofen geben. Zwischendurch mehrfach mit Orangensaft und Kirschwasser übergießen. Den Bratfond inzwischen mit kalten Butterflocken binden und abschmecken. Kleingehackte Zwiebeln in Butter hellbraun anschwitzen, Erbsen hinzufügen, mit Salz, Pfeffer und Zucker abschmecken. Abgedeckt dünsten, bis die Erbsen gar sind. Sahne und gehackte Petersilie zugeben und das Ganze mit dem Mixstab pürieren. Karotten schälen und der Länge nach dünn aufschneiden. Butter erwärmen, Zucker zufügen und Karotten darin karamellisieren. Mit Mineralwasser ablöschen, mit Salz, Ingwer und frischem Dill abschmecken. Dazu passen Pellkartoffeln, die in etwas Butter angeschwenkt werden.

METZGEREI MEHL

Metzgerei Mehl

Dorfstraße 11
74821 Dallau

Telefon 0 62 61/27 60
Telefax 0 62 61/3 77 00

Ruhetag: Mittwochnachmittag

Wenn Sie in der Metzgerei Mehl Leberwurst kaufen, dann ist das keine Wurst wie jede andere. Denn das schmucke Ladengeschäft in der Dorfstraße gehört zum Hoheitsgebiet des „Lewerworscht-Kaisers" Dieter Mehl, und in der appetitlichen Auslage finden sich eine stattliche Anzahl mehrfach preisgekrönter Wurstspezialitäten, vor allem eine ganze Reihe köstlicher Leberwurstsorten.

Metzgermeister Dieter Mehl stellt seit nunmehr 50 Jahren leckere Wurstspezialitäten her. Viel Engagement, Ideenreichtum und Geschick für sein Handwerk leiten den sympathischen Baden-Württemberger bei seiner täglichen Arbeit, die er erst auf dem zweiten Bildungsweg erlernte. Nachdem der Maschinenschlosser in die Metzgerei eingeheiratet und eine Metzgerlehre absolviert hatte, hielt er schon kurze Zeit später sein Meisterdiplom in den Händen. Vielerlei Köstlichkeiten kann man seither hier in Dallau

oder in der Mosbacher Filiale der Metzgerei Mehl erwerben, doch die Leberwurst entwickelte sich zum echten Markenzeichen. Ob Pfälzer oder Zwiebel-Leberwurst, Kalbsleberwurst mit Pistazien, Trüffel oder Preiselbeeren, Leber-Paté mit Brokkoli, Cognac und Lachs oder Sardellen – der rastlose Metzgermeister ist mit wahrer Leidenschaft auf der Suche nach neuen Geschmacksnoten

und Aromen. So entsteht dann schon mal eine Kalbsleberwurst mit Zimt, Honig und Schinken oder eine feine Leberpastete mit Trauben-Nuss-Füllung. Sogar den Mannheimer Wasserturm bildete er einmal mit sieben verschiedenen Leberwurstsorten originalgetreu nach.

Zahlreiche Goldmedaillen, Siegerurkunden und vor allem die riesigen Pokale auf der Theke verweisen eindrücklich auf die Lorbeeren, die Dieter Mehl mit seiner hochwertigen Arbeit errungen und die ihn als „Lewerworscht-Kaiser" weit über die Grenzen Dallaus hinaus bekannt gemacht haben.

Außer Leberwurst und anderen Hausmacher Wurstsorten umfasst das Sortiment all jene Spezialitäten vom Schinken bis zur Salami, die das Feinschmecker-Herz begehrt. Mehl hält auch ein so genanntes „So-fit-Programm" für seine gesundheits- und figurbewussten Kunden bereit. Maximal 14 Prozent Fett weisen die schmackhaften Wurstsorten wie

Lyoner, Fleischkäse, Jagdwurst oder Bierschinken nur auf.

Neben Sortenvielfalt sind Frische und einwandfreie Herkunft des Fleisches die entscheidenden Kriterien für Dieter Mehl. Er schlachtet und verarbeitet ausschließlich Tiere aus dem Elztal, kennt die Bauern persönlich und kann sich auf eine artgerechte Aufzucht und hohe Qualität der Tiere verlassen.

Auch Wild wie Reh, Hirsch und Wildschwein aus der Region sowie Geflügel kann er seinen Kunden anbieten. Sohn Michael, seines Zeichens ebenfalls Metzgermeister, arbeitet engagiert im Familienbetrieb mit und wird diesen auch in Zukunft ganz im Sinne seines Vaters weiterführen.

Bei aller Arbeit wird das Feiern aber nicht vergessen. Im Herbst öffnet Familie Mehl ihre Vesperscheune „Zum Lewerworscht-Kaiser" (donnerstags/freitags, genaue Öffnungszeiten auf Anfrage) und serviert deftige Vespergerichte, selbst gekelterten Most, eigene Brände – und Musik. Gemeinsam mit seinem Bruder und einem Freund präsentiert Dieter Mehl als „Lewerworscht-Trio" A-capella-Musik nach dem Vorbild der legendären Comedian Harmonists.

Wer die Scheune für Festlichkeiten mietet oder andernorts ein Fest begeht, den versorgt der Party-Service Mehl mit kalten und warmen Spezialitäten – vom Braten bis zum umfangreichen Büfett. Hier kocht der Chef noch selbst – eine echte Ehre, schließlich handelt es sich dabei um den einzigen „Lewerworscht-Kaiser" Deutschlands!

Das Neckartal

WEINGUT UND SCHLOSSKELLEREI BURG HORNBERG

**Weingut und Schlosskellerei
Burg Hornberg**

Altes Schloss
74865 Neckarzimmern

Telefon 0 62 61/50 01
Telefax 0 62 61/23 48

Das renommierte Weingut Burg Hornberg
besitzt unter Weinkennern nicht nur einen
guten Namen, es ist sogar – 1184 erstmals
urkundlich erwähnt – das zweitälteste Weingut der Welt und ältestes Weingut Baden-
Württembergs! Es residiert im Alten Schloss
der Herren von Gemmingen zu Neckarzimmern, zu Füßen der altehrwürdigen Burg,
die einst Ritter Götz von Berlichingen gehörte, der als Ritter mit der eisernen Faust
in die Geschichte und durch Goethes gleich-
namiges Werk auch in die Weltliteratur ein-
ging.

45 Jahre, bis zu seinem Tod, lebte der abenteuerlustige Ritter auf Burg Hornberg und verkaufte den Wein seines Besitzes, der wahrscheinlich schon von den Römern terrassiert wurde, bis an den Kaiserhof in Wien.

Heute ist Baron Dajo von Gemmingen-Hornberg Herr über die renommierten Lagen Burg Hornberger Wallmauer sowie Burg Hornberger Götzhalde mit ihren fruchtbaren Muschelkalkböden.

Nach alter Tradition entsteht der kostbare Rebensaft ausschließlich in Handarbeit, keine einzige Maschine kommt zum Schutze des Bodens und der Rebstöcke zum Einsatz – eine in Europa fast einmalige Produktionsweise.

Die nach Südwesten ausgerichteten Steillagen werden von Natursteinmauern umgrenzt, die durch thermischen Ausgleich die Wärme lange speichern und raue Winde abhalten. Dieses milde Mikroklima kommt dem Naturell der Trauben sehr entgegen und verspricht Jahr für Jahr eine gleichbleibend hohe Qualität des Lesegutes.

Nur vollreife und makellose Trauben treten den Weg in den Keller des Alten Schlosses an und landen in den Händen von erfahrenen und hoch professionellen Kellermeistern, bevor sie sich im 400 Jahre alten Schlosskeller zur ersten Ruhe betten.

Das Angebot umfasst vor allem Weißweine, allen voran Riesling und Silvaner, ergänzt von Weiß- und Grauburgunder, Müller-Thurgau, Muskateller, Chardonnay und Traminer. Die leichten, spritzigen Weine lagern in modernen Edelstahltanks, alle übrigen reifen im Holzfass ihrem vollendeten Aroma und einer langen Lebensdauer entgegen. Seinen Rotweinen lässt der Hausherr, Dipl.-Ing. für Weinbau, eine heute recht außergewöhnliche, wenngleich historisch tradierte Verarbeitung zuteil werden. Spätburgunder, Trollinger, Schwarzriesling und Dornfelder werden einige Tage lang auf der Maische vergoren. Diese traditionelle Produktionsweise macht die Weine nicht nur aromatischer, sondern auch bekömmlicher.

Edle Winzersekte und alte Weinbrände gehören ebenfalls zum erlesenen Sortiment, das nicht nur viele Privatkunden, sondern auch Königshäuser, namhafte Unternehmen und die gehobene Hotellerie schätzen.

Bei einer Weinprobe im Schlossweinkeller oder im 800 Jahre alten Privatarchiv der Burg, die mit einer Burgführung oder Weinbergs-Wanderung verbunden werden kann, erfahren Sie alles über die köstlichen Hornberg'schen Weine. Und auch, dass Qualität nicht immer ihren hohen Preis hat, denn das Angebot zeichnet sich durch ein sehr verbraucherfreundliches Preisgefüge aus (Versand der Weine im ganzen Bundesgebiet nur 6 Euro). Den passenden Rahmen für die freiherrlichen Weine, kulinarisch begleitet von herzhaften regionalen Schmankerln, bietet die urgemütliche Besenwirtschaft des Weingutes. Sie hat in einer 400 Jahre alten Mühle in Gundelsheim, mit Mühlenmuseum und einer großen Terrasse mit herrlichem Blick über den Neckar, ihre Heimat gefunden.

Tipp: Die umfangreiche und sehr anschaulich gestaltete Website (von lycos als beste Website des Monats gekürt) des Weingutes gibt Ihnen einen guten Überblick über das Weingut Burg Hornberg und seine Weine.

BIO FEINBÄCKEREI GUGELHUPF

Bio Feinbäckerei Gugelhupf

Bernbrunner Straße 34
74831 Gundelsheim-Höchstberg

Telefon 0 71 36/72 56
Telefax 0 71 36/73 22

Täglich außer Sonntag bis 12.30 Uhr
geöffnet

Vollkornbrot ist nicht gleich Vollkornbrot, dieser Maxime folgt die Bio Feinbäckerei Gugelhupf seit über 30 Jahren mit der Herstellung biologisch vollwertiger Vollkornspezialitäten. Was mit einigen Brotsorten begann, hat sich inzwischen höchst erfolgreich etabliert. Heute versendet das kleine Unternehmen von Bäckermeister und Betriebsleiter Heinz Schenk und Geschäftsführerin Brigitte Hönig seine umfangreiche süße und herzhafte Produktpalette deutschlandweit an Stammkunden und beliefert Sanatorien, Naturkostläden und Bio-Supermärkte. Jedes Produkt des Hauses unterliegt dabei einer „5-Punkte-Qualitätsgarantie". Diese beginnt beim hochwertigen keimfähi-

gen, natürlichen Getreide aus dem kontrolliert biologischen Anbau. Es wird im ganzen Korn angeliefert und dann in der Gugelhupf Feinbäckerei direkt in der Backstube frisch gemahlen.

Industriezucker wird durch Honig und Rohrzucker ersetzt, und auch chemische Backhilfemittel und künstliche Aromen sucht man hier vergebens, stattdessen werden Biohefe, Natursauerteig und Backferment beim Brotbacken eingesetzt. Hochwertige Zutaten wie aromatische Gewürze, feine Butter und ungehärtete Pflanzenfette sorgen bei Gebäck, Kuchen und Torten für einen unverwechselbaren Geschmack.

Neben Bio-Vollkorn-Misch-, Roggen- und

Dreikorn-Broten, Sonnenblumen- und Hafergrünkernbroten gibt es auch Baguette und Fladenbrot aus Bio-Weißmehl. Eine noch wichtigere Rolle spielt allerdings Dinkel, der nicht nur von Allergikern gut veträglich, sondern auch geschmacksintensiver als Weizenmehl ist. Auch Croissants, Laugenbrezeln und Sesam-, Mohn und Zwiebelbrötchen sowie pikante Käse- und Gemüsekuchen fehlen nicht im Sortiment.

Die süßen Backwaren reichen vom Dinkelbutterkeks über Nussecken bis zum Marmor- und Rotweinkuchen und vom Nuss- und Hefezopf über Apfel- und Russischen Käsekuchen bis zu Kokosmakronen und Bienenstich.

Für Nudelfans gibt es eine Auswahl an Dinkelnudeln, Maultaschen und Eiernudeln von „glücklichen Hühnern".

Am Samstagmorgen warten abwechslungsreiche Brötchentüten auf die Kunden und in der besinnlichen Vorweihnachtszeit laden die liebenswerten Gugelhupf-Besitzer zum Adventskaffee, bei dem die Kunden das Weihnachtssortiment probieren können, das, wie auch das Osterprogramm, eigens kreiert wird. Je nach Saison stellen die ideenreichen Backkünstler auch Bärlauch-, Früchte- oder

Osterbrot, feine Elisenlebkuchen und Zwiebelkuchen her.

Viele Rezepte sind seit Jahrzehnten gleich geblieben, wie das vorgestellte Rezept, das auf Oma Gerda zurückgeht.

Bio Linzertörtle
(ohne tierisches Eiweiß)
Für ca. 25 Stück

Zutaten

500 g Dinkelvollkornmehl,
250 g Butter,
400 g Bienenhonig,
250 g Haselnüsse, gemahlen,
20 g Rum,
10 g Kakao,
8 g Zimt,
2 g Nelken, gemahlen,
5 g Backpulver,
ca. 1000 g rote Marmelade
zum Füllen,
40 g süße Sahne

Zubereitung

Aus den Zutaten einen Mürbteig herstellen und ihn über Nacht an einem kühlen Ort ruhen lassen.
Förmchen mit einem Durchmesser von 10 cm mit Teig auslegen, Marmelade einfüllen (ca. 40 g pro Stück) und verstreichen. Vom Restteig Herzen ausstechen und die Törtchen damit verzieren. Mit süßer Sahne bestreichen, das gibt einen schönen Glanz. Ca. 20 Min. bei 190 °C backen.

GUGELHUPF

BIO FEINBÄCKER

hier eine bodenständige, regionale Küche, die von den Erzeugnissen des Hofes bestimmt wird.

Die Schweinezucht, das eigene Wildgehege, frisch gepresster Most sowie Gemüse und Salate vom eigenen Feld garantieren beste Qualität und eine abwechslungsreiche schwäbisch-badische Speisenauswahl.

Der Assulzerhof hält für jeden Geschmack das Richtige bereit, von sommerlich leichten Salatkreationen über herzhafte Wildgerichte bis zu knusprigem Entenbraten. Auch die Hausmacher Wurstspezialitäten sind sehr beliebt.

Ein ganz besonderer Hochgenuss sind die von Germann Hennrich mit viel Gespür und Erfahrung destillierten Edelbrände, für die er das Obst des Hofes sowie aromatische Wildfrüchte verwendet.

In seiner Destille kreiert der einfallsreiche Brennmeister geschmacksintensive, körperreiche Edelbrände von Apfel, Birne, Mirabelle, Zwetschge und Kirsche bis Schlehe, Weißdorn und Holunder.

Genießen können Sie die Gaumenfreuden in gemütlicher Runde auf dem Assulzerhof.

Gasthof Assulzerhof

Assulzer Hof 5
74842 Billigheim

Telefon 0 62 65/211
Telefax 0 62 65/201

Ruhetage: Montag und Dienstag

Im Jahre 1890 ließen sich die Vorfahren der Familie Hennrich auf dem historischen Assulzerhof unweit von Neckarzimmern nieder, betrieben fortan Landwirtschaft und seit den 1960er Jahren auch einen gemütlichen Gasthof. Heute bieten Germann und Rosi Hennrich

Und auch der Besuch des Hennrich'schen Standes mit Bauländer Grünkern-Spezialitäten auf dem Wochenmarkt in Mosbach sei wärmstens empfohlen.

Fähre bei Neckarhausen

LANDGASTHOF KRONE

man die Köstlichkeiten des Landstriches zwischen Heilbronn und Bad Mergentheim so richtig genießen. Was Ralf Schmidt in der Region bezieht, etwa Wild, Lamm und Fleisch, bringt er mal klassisch und bodenständig, mal leicht und aromenreich auf den Tisch. Dabei bemüht er sich um die zeitgemäße Variation klassisch schwäbischer Gerichte. Die Spezialität des Hauses sind daher auch die allseits beliebten Maultaschen, die in vielerlei Gestalt serviert werden. Mal als „Omale", in Eihülle gebraten, mal als „Schnapsidee" mit Meerrettichsauce und Räucherlachs, und auch der „Bierbrauerschmaus", bei dem die Schwabenschmankerln mit Champignons und Sauce Hollandaise überbacken in leichter Cognacsauce gereicht werden, erfreut das schwäbische Feinschmeckerherz. Einmal in der Woche backen die Schmidts im Holzofen im Hof knuspriges Brot, das die zünftigen Vespergerichte begleitet. Im steten Wechsel ergänzen saisonal ausgerichtete Angebote vom Rumpsteak in Senfkruste über einen mediterranen Scampispieß auf Tomatennudeln bis zum Zanderfilet auf Zucchinigemüse mit Kartoffelröstinchen die Stammkarte.

Landgasthof Krone

Widderner Straße 2
74219 Möckmühl-Korb

Telefon 0 62 98/92 49-0
Telefax 0 62 98/92 49-49

Ruhetag: Mittwoch

Schon von weitem fällt die von Blumen geschmückte, dunkelrote Fassade des historischen Landgasthofs Krone ins Auge, dessen Gastronomiegeschichte vor 120 Jahren hier im Möckmühler Ortsteil Korb ihren Anfang fand.

In dem stattlichen Landgasthof wird der Begriff Familienbetrieb ganz besonders wörtlich genommen. Ralf Schmidt, der 1989 das Haus in dritter Generation übernahm, zeichnet gemeinsam mit Bruder Uwe und dessen Ehefrau Christine für die gutbürgerliche Küche verantwortlich, die sich ganz der schwäbischen Heimat verschrieben hat und traditionelle Gerichte zeitgemäß und originell inszeniert. Ehefrau Silke und Schwester Ina umsorgen die Gäste derweil mit einem persönlichen Service, den die zahlreichen Stammgäste der Krone so schätzen. In dieser herzlichen familiären Atmosphäre kann

Gespeist wird in den beiden behaglich eingerichteten Galtäumen oder im lichtdurchfluteten Wintergarten mit Blick in den Garten, der im Sommer ebenfalls Platz bietet. Die Weinauswahl konzentriert sich auf würt-

Maultaschen mit Pfifferlingen

Zutaten

1 kg Schweinehackfleisch,
150 g Spinat, gehackt,
1 Bund Petersilie,
1–2 Eier,
1 Zwiebel, fein gerieben,
500 g Nudelteig,
Fleischbrühe,
500 g Pfifferlinge,
Butter,
1–2 Zwiebeln, gewürfelt,
süße Sahne,
Salz, Pfeffer,
Muskat

Zubereitung

Hackfleisch mit Spinat, Petersilie, Eiern und Zwiebeln vermischen, mit Salz, Pfeffer und Muskat würzen. Etwa $1/2$ cm dick auf den Nudelteig streichen, diesen 2- bis 3-mal einschlagen, dann in 4–5 große Stücke schneiden (Ränder zusammendrücken) und diese für 10–15 Min. in Fleischbrühe garen.
Pfifferlinge in Butter mit Zwiebelwürfeln andünsten. Zum Abschluss Sahne hinzugeben und mit Salz, Pfeffer und Petersilie abschmecken. Die Maultaschen mit den Pfifferlingen anrichten. Dazu passen kleine Semmelknödelchen.

tembergische, italienische und französische Positionen. Heimische Weine stehen anlässlich des Krone-Weinabends im Oktober im Mittelpunkt, bei dem ein erlesenes 8-Gang-Menü, begleitet von korrespondierenden

Weinen, serviert wird. Wie gut, dass hier im Haus elf gemütliche und dem Stil des Hauses entsprechende Zimmer zur Verfügung stehen, so dass man den Abend bei einem Viertele ruhig noch ein wenig verlängern kann.

Bauernhofladen Müller   88
Prof.-Kehrer-Straße 6
74909 Meckesheim
Telefon 0 62 26/24 82
Telefax 0 62 26/6 08 31

Bio Feinbäckerei Gugelhupf   146
Bernbrunner Straße 34
74831 Gundelsheim-Höchstberg
Telefon 0 71 36/72 56
Telefax 0 71 36/73 22

**Café Konditorei Bäckerei
Viktoria**   124
Friedrichstraße 5–9
69412 Eberbach
Telefon 0 62 71/20 18
Telefax 0 62 71/7 21 92
info@cafe-viktoria.de
www.cafe-viktoria.de

Café Schlossmühle   48
Marktplatz 6
64711 Erbach
Telefon 0 60 62/74 22
Telefax 0 60 62/91 37 93
kontakt@cafe-schlossmuehle.de
www.cafe-schlossmuehle.de

**Clubrestaurant des
Baden Golf- und Country-Club**   106
Birkenhof
76684 Östringen-Tiefenbach
Telefon 0 72 59/23 73
Telefax 0 72 59/24 69
info@gerhard-eichhorn.de

**Der Europäische Hof
Hotel Europa Heidelberg**   20
Friedrich-Ebert-Anlage 1
69117 Heidelberg
Telefon 0 62 21/515-0
Telefax 0 62 21/515-506
reservations@europaeischerhof.com
www.europaeischerhof.com

**Der Schafhof Amorbach
GmbH & Co. KG**   66
Landhotel und Restaurants
Schafhof 1
63916 Amorbach
Telefon 0 93 73/9 73 30
Telefax 0 93 73/41 20
rezeption@schafhof.de
www.schafhof.de

**EXCELLENT Confiserie
Spezialitäten GmbH**   92
Am Leitzelbach 20
74889 Sinsheim-Dühren
Telefon 0 72 61/97 82 30
Telefax 0 72 61/97 82 32
info@excellent-confiserie.de
www.excellent-confiserie.de

Füllhorn Naturmarkt   22
Bahnhofstraße 33
69115 Heidelberg
Telefon 0 62 21/5 85 06 00
Telefax 0 62 21/5 85 06 56

Gasthaus Rose   76
Mosbacher Straße 5
69429 Waldbrunn-Weisbach
Telefon 0 62 74/360
Telefax 0 62 74/92 77 66
gasthaus.rose@web.de

Gasthaus Zum Engel   70
Holunderstraße 7
74722 Buchen-Hollerbach
Telefon 0 62 81/89 46
www.engel-hollerbach.de

Gasthaus Zur Freiheit   46
Freiheitsstraße 20
64385 Reichelsheim-Laudenau
Telefon 0 61 64/10 32
Telefax 0 61 64/91 29 55
gasthaus@zurfreiheit.de
www.zurfreiheit.de

Gasthof Assulzerhof   148
Assulzer Hof 5
74842 Billigheim
Telefon 0 62 65/211
Telefax 0 62 65/201
assulzer@aol.com

Gasthof-Destille Eisenbahn 138
Am Bahnhof Neckarelz
Kantstraße 29
74821 Mosbach-Neckarelz
Telefon 0 62 61/73 14
Telefax 0 62 61/6 92 45
info@gasthof-eisenbahn.de
www.gasthof-eisenbahn.de

Heidersbacher Mühle 72
74838 Limbach-Heidersbach
Telefon 0 62 93/368
Telefax 0 62 93/82 13
muehle@heidersbacher-muehle.de
www.heidersbacher-muehle.de

**Historische Griechische
Weinstube zur Stadt Athen** 120
Neckarstraße 38
69151 Neckargemünd
Telefon 0 62 23/22 85
Telefax 0 62 23/7 12 30

Hofgarten-Markt 68
Debonstraße 3
63916 Amorbach
Telefon 0 93 73/551
Telefax 0 93 73/10 04
webmaster@hofgarten-markt.de
www.hofgarten-markt.de

Hotel Gasthof Hirsch 60
Schulstraße 3 – 7
64757 Rothenberg
Telefon 0 62 75/91 30-0
Telefax 0 62 75/91 30-16
hirsch@hirsch-hotel.de
www.hirsch-hotel.de

Hotel Klosterpost 116
Frankfurter Straße 2 – 4
75433 Maulbronn
Telefon 0 70 43/108-0
Telefax 0 70 43/108-299
hotel-klosterpost@t-online.de
www.hotel-klosterpost.de

**Hotel, Restaurant & Café
Kreidacher Höhe** 56
Kreidacher Höhe 1
69483 Wald-Michelbach
Telefon 0 62 07/92 22-0
Telefax 0 62 07/92 22-77
Hotel-Kreidacher-Hoehe-Metz@t-online.de
www.kreidacher-hoehe.de

Hotel Restaurant Ratsstube 96
Karlsruher Straße 55 – 57
74889 Sinsheim-Dühren
Telefon 0 72 61/937-0
Telefax 0 72 61/937-21
ratsstube@t-online.de
www.ratsstube.de

**Hotel Restaurant
Schloss Michelfeld** 102
Friedrichstraße 2
74918 Angelbachtal-Michelfeld
Telefon 0 72 65/91 99 00
Telefax 0 72 65/279
info@schlosshotelmichelfeld.de
www.schlosshotelmichelfeld.de

Hotel-Restaurant Zehntscheune 94
Mettengasse 55
74889 Sinsheim-Hilsbach
Telefon 0 72 60/92 09 20
Telefax 0 72 60/92 09 21
info@hotel-zehntscheune.de
www.hotel-zehntscheune.de

Hotel-Restaurant Zentlinde 50
Hüttenthaler Straße 37
64756 Mossautal-Güttersbach
Telefon 0 60 62/20 80
Telefax 0 60 62/59 00
hotel.zentlinde@t-online.de
www.zentlinde.de

Hotel-Restaurant Zur Krone 44
Rondellstraße 20
64739 Höchst-Hetschbach
Telefon 0 61 63/93 10 00
Telefax 0 61 63/8 15 72
krone-hetschbach@web.de
www.krone-hetschbach.de

**Hotel-Restaurant
Zur Stadtschänke** 108
Riegelgartenstraße 15
76703 Kraichtal-Gochsheim
Telefon 0 72 58/60 89-0
Telefax 0 72 58/60 89-19
lucia-thomas-herdle@zur-stadtschaenke.de
www.zur-stadtschaenke.de

Hotel Zum Lamm 133
Hauptstraße 59
74821 Mosbach
Telefon 0 62 61/89 02-0
Telefax 0 62 61/89 02-91
info@hotelmosbach.de
www.hotelmosbach.de

KULINARISCHE EMPFEHLUNGEN

Kubach's Vital 136
Hauptstraße 63
74821 Mosbach
Telefon 0 62 61/54 71
Telefax 0 62 61/54 75

Landgasthaus Hirsch &
Frank's Vollwert
Party-Service 74
Martin-Luther-Straße 4
69429 Waldbrunn-Schollbrunn
Telefon 0 62 74/9 51 80
Telefax 0 62 74/9 51 81
info@derBioHirsch.de
www.derBioHirsch.de

Landgasthof Krone 150
Widderner Straße 2
74219 Möckmühl-Korb
Telefon 0 62 98/92 49-0
Telefax 0 62 98/92 49-49

Landgasthof Zum Ochsen 134
Im Weiler 6
74821 Mosbach-Nüstenbach
Telefon 0 62 61/1 54 28
Telefax 0 62 61/89 36 45

Landhotel Kühler Grund 54
Trommstraße 5
64689 Grasellenbach/Scharbach-Tromm
Telefon 0 62 07/94 27-0
Telefax 0 62 07/94 27-77
mail@landhotel-kuehler-grund.de
www.landhotel-kuehler-grund.de

Landmetzgerei Hornung 38
Nibelungenstraße 243
64686 Lautertal-Reichenbach
Telefon 0 62 54/12 41
Telefax 0 62 54/34 28
odw-schatzkiste@gmx.de
www.landmetzgerei-hornung.de

Martin Müller GmbH & Co. KG 82
Rathausstraße 9
74931 Lobbach-Waldwimmersbach
Telefon 0 62 26/97 01 30
Telefax 0 62 26/97 01 39
Odenwaelder-Bauernhof@t-online.de
www.Odenwaelder-Bauernhof.de

MB Mühlenbäcker GmbH 90
Mühlweg 9
74939 Zuzenhausen
Telefon 0 62 26/13 72
Telefax 0 62 26/9 93 97 50
info@dermuehlenbaecker.de
www.dermuehlenbaecker.de

Metzgerei Mehl 140
Dorfstraße 11
74821 Dallau
Telefon 0 62 61/27 60
Telefax 0 62 61/3 77 00

Molkerei Hüttenthal 52
Wilhelm Kohlhage KG
Molkereiweg 1
64756 Mossautal-Hüttenthal
Telefon 0 60 62/26 65-0
Telefax 0 60 62/26 65-26
www.molkerei-huettenthal.de

Metzgerei Neureuther 74
Alte Marktstraße 10 a
69429 Waldbrunn-Strümpfelbrunn
Telefon 0 62 74/214

Neckargeracher
Truthahnspezialitäten 130
Eisenbusch 1
69437 Neckargerach-Eisenbusch
Telefon 0 62 63/92 64
Telefax 0 62 63/18 45

Panoramahotel, Restaurant
& Café Turmschenke 78
Katzenbuckelstraße 28
69429 Waldbrunn-Waldkatzenbach
Telefon 0 62 74/383
Telefax 0 62 74/51 83
turmschenke@t-online.de
www.turmschenke.de

Ralf's Backstube 128
Bäckerei-Konditorei & Café
Allemühlerstraße 2
69412 Eberbach-Pleutersbach
Telefon 0 62 71/37 60
Telefax 0 62 71/94 67 61
rlutzki@aol.com

**Restaurant Alte Weinstube
im Hotel Lindner** 114
Im Hemrich 7
75038 Oberderdingen
Telefon 0 70 45/96 33-0
Telefax 0 70 45/96 33-200
hotel-lindner@t-online.de
www.hotel-lindner.de

Restaurant Blaue Ente 104
Sternweiler Straße 34
69242 Mühlhausen-Tairnbach
Telefon 0 62 22/6 38 87
Telefax 0 62 22/6 38 87

Restaurant Drei Birken 36
Hauptstraße 170
69488 Birkenau
Telefon Restaurant 0 62 01/3 23 68
Telefon Hotel 0 62 01/30 32

Restaurant Goldener Käfer 98
Mühlgasse 29
74930 Ittlingen
Telefon 0 72 66/91 20 37
Telefax 0 72 66/91 21 97
info@goldener-kaefer.de
www.goldener-kaefer.de

Restaurant Goldener Pflug 58
Ortsstraße 40
69253 Heiligkreuzsteinach-Eiterbach
Telefon 0 62 20/85 09
Telefax 0 62 20/74 80
info@goldener-pflug.de
www.goldenerpflug.com

Restaurant Guy Graessel 112
Karlsruher Straße 2
75015 Bretten-Diedelsheim
Telefon 0 72 52/71 38
Telefax 0 72 52/95 86 37

Restaurant Hirsch 30
Hockenheimer Straße 47
68775 Ketsch
Telefon 0 62 02/6 14 39
Telefax 0 62 02/60 90 26
info@hirsch-ketsch.de
www.hirsch-ketsch.de

Restaurant Königstuhl 24
Königstuhl 2
69117 Heidelberg
Telefon 0 62 21/97 52-0
Telefax 0 62 21/97 52-30
koenigstuhlrestaurant@t-online.de

Restaurant Zum Schiff 122
Neckargemünder Straße 2
69239 Neckarsteinach
Telefon 0 62 29/324
Telefax 0 62 29/325
restaurant-schiff@t-online.de
www.zum-schiff.de

Ringhotel Adler Post 28
Schlossstraße 3
68723 Schwetzingen
Telefon 0 62 02/27 77-0
Telefax 0 62 02/27 77-77
info@adler-post.de
www.adler-post.de

**Schönmehl
Schlossgastronomie** 16
S & S Schlossrestaurations GmbH
Schlosshof
69117 Heidelberg
Telefon 0 62 21/9 79 70
Telefax 0 62 21/16 79 69
schoenmehl@t-online.de
www.schoenmehl.de

Spargelgut Wasserschloss 87
74921 Helmstadt
Telefon 0 72 63/57 09
Telefax 0 72 63/2 00 65
heiko-junker@web.de

**Weingut Reichsgraf und
Marquis zu Hoensbroech** 100
Hermannstraße 12
74918 Angelbachtal-Michelfeld
Telefon 0 72 65/91 10 34
Telefax 0 72 65/91 10 35
mail@weingut-graf-hoensbroech.com
www.weingut-graf-hoensbroech.de

**Weingut und Schlosskellerei
Burg Hornberg** 144
Altes Schloss
74865 Neckarzimmern
Telefon 0 62 61/50 01
Telefax 0 62 61/23 48
info@burg-hornberg.de
www.burg-hornberg.de

Weinhaus & Weingut Bartsch 34
Schillerstraße 9-11
69198 Schriesheim
Telefon 0 62 03/69 44 14
Telefax 0 62 03/69 44 19
weingutbartsch@aol.com
www.weingut-bartsch.de

VERZEICHNIS DER REZEPTE

Vorspeisen & Zwischengerichte

*Croustillant vom Lammbries
auf Champignonsalat mit
marinierter Lammhaxe
und Bärlauch* 45

*Marinierte Entenbrust süß-sauer
an Glasnudelsalat undMangorelish* 99

Rindercarpaccio 97

*Rotbarbenfilets auf
italienischem Kartoffelsalat* 115

*Salat von getrockneten Tomaten,
gelben Paprika und süß-saurem
Radicchio mit gebratenen Gambas
und Bouchot-Muscheln
in Safranmarinade* 59

*„Wraps" mit Forellenmousse
und Gemüsefüllung* 75

Hauptgerichte Fisch

*Badisches Zanderfilet
mit Jakobsmuscheln
und schwarzem Trüffel
auf Linsenspätzle
an Rieslingschaum* 21

*Forelle nach Art der
Zisterzienser-Mönche* 117

*Gebratenes Lachsforellenfilet
mit Grünkernröllchen und
sautierten Pfifferlingen* 73

*Lasagne von Steinbutt
und Lachsforelle* 103

*Saiblingsfilet auf Gemüsenudeln
mit Zitronenmelissenbutter* 79

*Sommerragout von Flusskrebsen
mit Zandermousse* 29

*Zanderfilet im Kartoffelmantel
auf Paprikasauce* 107

Hauptgerichte Fleisch & Wild

*Badische Kalbsröllchen
mit Grünkernküchle* 121

*Barbarie-Entenbrust
in Cassissauce
mit Pommes Williams und
Zucchini-Möhrengemüse* 55

Der fidele Gockel 61

Entenbrust in Orangen-
Kirschwasser-Sauce mit
Erbspüree und
karamellisierten Karotten 139

Entenbrust in Orangensauce 105

Gefülltes Lammkarree mit
gefüllter Zucchiniblüte 67

Geschmorte Lammkeule 109

Hirschrücken im Pistazienmantel 135

Kaninchenkeule
auf Rotkrautsalat
mit glaciertem Gemüse 113

Lammrücken im Kartoffelmantel
mit Zitronen-Knoblauchöl 95

Maultaschen mit Pfifferlingen 151

Ochsenfetze in Rotweinsauce 77

Odenwälder Fleckviehlende im
Rauchfleischmantel mit
Karottenschaum und Blattspinat
im Kohlrabikörbchen 57

Odenwälder Lammschulter
mit Kräuterfüllung 47

Odenwälder Rehrücken mit
Pfifferlingen und Brotspatzen 51

Putenröllchen „Thessaloniki" 131

Rehbockmedaillons mit
Cognac-Preiselbeersauce 31

Rehrücken
im Serranoschinkenmantel
in Grüner Pfeffersauce
mit Pfifferlingen 71

Rheinischer Sauerbraten
mit Apfelrotkohl
und Kartoffelklößen 25

Schweinemedaillons unter
der Bärlauchkruste auf
buntem Paprikagemüse 122

Zweierlei der Ente von Heidelberg 17

Kuchen

Bio-Linzertörtle 147

ISBN 3-8295-6409-0

ISBN 3-8295-6402-3

ISBN 3-8295-7309-X

ISBN 3-8295-7301-4

ISBN 3-8295-6411-2

ISBN 3-8295-6413-9

ISBN 3-8295-6418-X

ISBN 3-8295-6416-3

ISBN 3-8295-6417-1

ISBN 3-8295-6415-5

ISBN 3-8295-6424-4

ISBN 3-8295-6423-6

...DECKUNGSREISEN...
...TEN URLAUBSREGIONEN

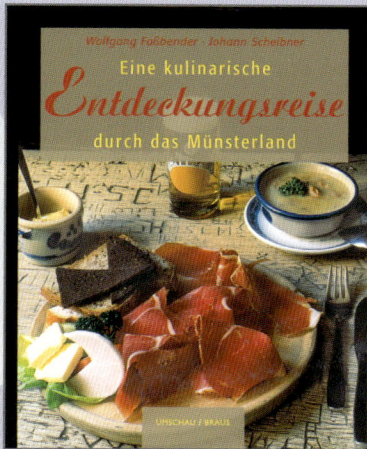

ISBN 3-8295-6412-0

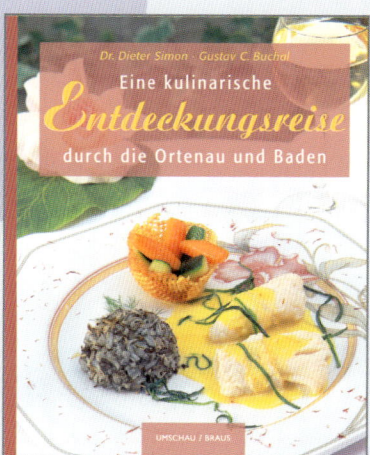

ISBN 3-8295-6410-4

ISBN 3-8295-7303-0

ISBN 3-8295-7302-2

ISBN 3-8295-6420-1

ISBN 3-8295-6421-X

ISBN 3-8295-7308-1

ISBN 3-8295-7304-9

ISBN 3-8295-6419-8

Angaben für alle Titel:
Hardcover – 24 x 30 cm – Fadenheftung – ca. 160 Seiten –
ca. 300 Farbfotos – 1 Karte.

Alle Titel erhalten Sie bei Ihrer örtlichen Buchhandlung. Für weitere Informationen über unsere Reihe wenden Sie sich direkt an den Verlag:

Umschau Buchverlag GmbH
Maximilianstraße 43
D-67433 Neustadt an der Weinstraße
Telefon (0 63 21) 87 78 52
Telefax (0 63 21) 87 78 59
e-mail: info@umschau-buchverlag.de
www.umschau-buchverlag.de

UMSCHAU

IMPRESSUM

© 2003 Umschau Buchverlag GmbH, Neustadt an der Weinstraße

Gestaltung und Satz
Tischewski & Tischewski, Marburg

Reproduktionen
posi.tiff, Dienstleistungen GmbH, Frankfurt am Main

Fotos
Björn Kray Iversen, Albersweiler

Texte
Silke Martin, Kriftel

Karte
Elsner & Schichor, Karlsruhe

Herausgeberin
Katharina Többen, Neckargemünd

Druck und Verarbeitung
Konkordia GmbH, Bühl

Printed in Germany
ISBN 3-8295-7305-7

Titelfotografie

„Kurpfälzer Jagdschmaus", zubereitet im Schlossrestaurant Wolf J. Schönmehl (S. 16), angerichtet auf einem Teller aus dem Sortiment des Rosenthal Studio-Hauses in Heidelberg

Wir bedanken uns für die uns freundlicherweise zur Verfügung gestellten Fotos bei:
der Stadt Schwetzingen (S. 26 und S. 27 unten links, Foto: Oestergaard; S. 27 unten rechts, Foto: Lenhardt); dem Fotografen Johann Scheibner (S. 63 oben links und rechts); dem Auto & Technik MUSEUM SINSHEIM e. V. und dem IMAX 3D Filmtheater, Sinsheim (S. 85); der Stadtverwaltung Maulbronn (S. 110 und S. 111, Fotos: Stadtarchiv Maulbronn).